ROBERT ELGER

PERMAKULTUR für Ahnungslose

Von Anfang an nachhaltig
und ökologisch gärtnern

KOSMOS

INHALT

Permakultur – naturnah und nachhaltig gärtnern

Ziel der Permakultur ist es, dass jeder sein Gemüse und seine Früchte und sogar Eier, Honig und Getreide selbst herstellen kann – und das auf Basis des bereits Vorhandenen, bei geringeren Energiekosten, ohne zusätzlichen Dünger von außen und ohne starke Bearbeitung des Bodens. Vorbild ist die Natur in ihrer Gesamtheit und der Wald im Besonderen. Schau dir einfach an, wie sich ein Wald von Jahr zu Jahr erneuert! Im Frühjahr sprießen die Blätter, im Sommer entwickeln sich die Früchte, im Herbst schenkt er seine Blätter dem Boden, und im Winter nimmt er seine ganze Energie zusammen, um im Frühjahr wieder neu loszulegen. Jedes Jahr entsteht so eine riesige Biomasse – ohne Bodenbearbeitung, Düngergaben und besondere Zusätze. Und wie funktioniert das? Ganz einfach: Der Wald geht vorsichtig mit Abfall um. Er recycelt einen Großteil seiner Biomasse – nämlich die Blätter, die im Herbst auf seinen Boden fallen – und stellt sie, wenn das Frühjahr kommt, für neues Wachstum zur Verfügung. In einem Permakultur-Garten läuft es ganz ähnlich wie im Wald: Der Garten wächst, er gedeiht im Lauf der Jahreszeiten und verwendet jedes Jahr das organische Material der zuvor angebauten Pflanzen, um einen neuen Entstehungsprozess zu unterstützen: pflanzen, wachsen und ernten, Neues pflanzen, wachsen, wieder ernten usw. Es ist erstaunlich, wie diese natürliche Dynamik schon im ersten Jahr bessere Ernten bringt und die Erträge deines Gartens von Jahr zu Jahr noch steigert.

DER ANFANG

Die Grundlagen für die Permakultur schaffen:

So packst du es richtig an!

Wenn du dich für Permakultur entscheidest, ist es wichtig, dass du nicht den zweiten Schritt vor dem ersten machst. Fang mit dem Wichtigsten an. Am Anfang allen Wachstums steht der Boden. Also kümmere dich zuerst um den Boden: Welche Erde findest du in deinem Garten? Sie ist nicht überall gleich. Wie kannst du ihre natürliche Fruchtbarkeit erhalten, ohne ihre natürliche Dynamik zu beeinträchtigen? Oder besser: Wie gehst du am besten mit der natürlichen Dynamik deines Bodens um, damit er das bestmögliche Ergebnis erzielt.

DEN BODEN VORBEREITEN UND PFLEGEN

Der einfache Einsatz einer Grabegabel kann in einer schattigen Ecke deines Gartens, die reich an organischer Substanz ist, viele Regenwürmer ans Tageslicht bringen. Wenn du genauer hinschaust, entdeckst du hier eine große Vielfalt an Pflanzen und Tieren. Zusammen mit einer organischen Mulchschicht und einer Belüftung des Bodens, ohne ihn umzugraben, stellt dies die Grundlage der Permakultur dar.

→ Dein Boden wird zum Lebensraum

Erfolgsrezept

Mach dir ein Bild vom Zusammenspiel der physikalischen und biologischen Eigenschaften des Bodens in deinem Garten.

Ein physikalisches Universum …

Alle Böden bestehen aus den gleichen Grundstoffen: Ton, Sand und Kalk. Die jeweiligen Anteile dieser Elemente bestimmen die physikalischen Eigenschaften eines Bodens. Wenn ein Element zu stark überwiegt – was normalerweise den Anbau erschwert – wird der Boden als lehmig, sandig oder kalkhaltig bezeichnet. Bei den meisten Kulturflächen überwiegt keines der Elemente zu stark. Zur vorherrschenden mineralischen Bodenart wird eine organische Komponente hinzugefügt, die im Wesentlichen pflanzlichen Ursprungs, und für viele tierische Organismen lebenserhaltend ist bzw. auch als Nahrung dient.

Einige Tiere, z. B. Regenwürmer, sind mit bloßem Auge deutlich sichtbar. Andere dagegen, wie Asseln, Tausendfüßer, verschiedene Käfer und Larven von Zweiflüglern, Milben sowie Springschwänzen, sind viel schwerer zu entdecken und die überwiegende Mehrheit – Milliarden von Bakterien und mikroskopisch kleinen Pilzen – sind völlig unsichtbar.

Liebenswerte Regenwürmer

Regenwürmer sind bei Weitem nicht die einzigen nützlichen Tiere im Boden. Da die Größe ihrer Population von der Anzahl ihrer Mitbewohner unter der Erde bestimmt wird, sind ihr Vorkommen ein hervorragender Maßstab für die biologische Qualität eines Bodens.

→ So bestimmst du die Zusammensetzung deines Bodens

Saurer oder basischer Boden?

Die Zusammensetzung der Mineralstoffe ist dafür verantwortlich, ob der Boden eher sauer oder basisch ist. Sandiger Boden ist normalerweise sauer, ein überwiegend kalkhaltiger Boden dagegen basisch. Ob die Erde in deinem Garten eher sauer oder basisch ist, wird im Wesentlichen durch geologische Gegebenheiten bestimmt. Der Boden deines Nachbarn ist ähnlich sauer oder basisch wie bei dir und übrigens überall, wo er sich wenig und sehr langsam entwickelt hat. Es gibt viele einfach anzuwendende Tests, um festzustellen, ob der Boden in deinem Garten sauer oder basisch ist.

Welchen pH-Wert hat dein Boden?

Wie sauer oder basisch dein Boden, ist wird durch die Angabe seines pH-Werts festgestellt. Der pH-Wert eines sauren Bodens liegt zwischen 4,5 und 6,5, der eines basischen zwischen 7,5 und 8,5. Zwischen diesen beiden Werten – von 6,5 bis 7,5 – spricht man von einem „neutralen“ Boden. Wie so oft im Garten bereiten beim Anbau von Pflanzen nur die Extremwerte (pH < 5,5 und > 8) echte Schwierigkeiten. Die in der Permakultur gewöhnlich empfohlenen Vorgehensweisen – besonders die Verwendung großer Mengen organischer Stoffe – ermöglichen den Anbau ohne besondere Vorsichtsmaßnahmen für Böden, deren pH-Wert zwischen diesen Extremwerten liegt.

Gut zu wissen: Wenn dein Wasser aus dem Umfeld deines Gartens kommt, verrät dir ein einfacher Blick auf die Wasserrechnung, wie hoch der pH-Wert des Bodens ist, denn dann sind beide Werte ungefähr gleich.

Erfolgsrezept

Empfehlungen aus Gartenbüchern kannst du natürlich jederzeit ausprobieren, aber wirklich trauen solltest du nur deinen eigenen Beobachtungen.

Bearbeite die Erde so wenig wie möglich

Erfolgsrezept

Anstatt den Gartenboden mit einem Spaten umzugraben, solltest du ihn besser mit einer Grabegabel durchlüften.

Warum solltest du die Erde nicht umgraben?

Jede Bodenschicht beherbergt Organismen mit ihren besonderen Bedürfnissen an Sauerstoff, Wasser und Licht. Wenn du den Boden umgräbst, und dabei die organische Schicht mit der obersten mineralischen Schicht mischst, können sich die dort vorkommenden Organismen nicht mehr so gut entwickeln und stören die natürliche Entstehung der organischen Schutzschicht. Außerdem ist es mühsam und langwierig, den Boden mit dem Spaten umzugraben, und es befördert die Samen unerwünschter Kräuter wieder an die Oberfläche.

Eine Grabegabel sorgt für gut durchlüfteten Boden

Wenn du den Boden für die Aussaat vorbereiten möchtest, genügt es, wenn du ihn mit der Grabegabel durchlüftest. Ihre Zinken sind der Länge nach etwas gebogen. Du kannst sie einfach durch leichten Druck in die Erde drücken und beim Herausziehen den Boden nur anheben, ohne ihn umzubrechen. Dadurch verbesserst du die Luftzirkulation und ermöglichst den Eintrag organischer Substanzen.

Gut ausgerüstet

Eine Grabegabel oder auch Spatengabel (kräftige Grabegabel) ist in der Regel das perfekte Werkzeug, um den Gartenboden zu lockern, ohne ihn umzugraben.

Schützende Bodendecke

Warum die Bodenoberfläche immer bedeckt werden sollte?

Bei der Permakultur kommt es oft vor, dass ein einzelner Eingriff viele unterschiedliche Folgen hat. Wenn du den Boden mulchst, gleichst du damit die negativen Auswirkungen von großer Hitze im Sommer und starkem Frost im Winter aus. Im Sommer verhindert eine Mulchschicht, dass zu viel Wasser im Boden verdunstet und sich unerwünschtes Unkraut ausbreitet. Außerdem verbessert diese Decke aus organischem Material die Struktur und Fruchtbarkeit des Bodens und steigert somit seine Fähigkeit, reiche Ernten zu bringen.

Das beste Material zum Mulchen

Alle pflanzlichen Substanzen sind geeignet. Am besten ist natürlich alles, was direkt aus deinem Garten stammt: gemähtes Gras, welke Blätter, kleine Zweige und abgeschnittene Äste. Kompost und Mist gehören zu den besten Substanzen für die Abdeckung aber auch einfache, übrig gebliebene Pappkartons ohne Klebstoffe sind Ersatz für einen guten organischen Schutz. Stroh – egal ob von Weizen, Gerste, Hafer oder Roggen – kannst du ebenfalls ohne Probleme verwenden.

Humus ist kostbar!

Humus ist das Ergebnis des Abbauprozesses organischer Substanzen. Seine Bedeutung für jede Art von Landwirtschaft kann man nicht hoch genug einschätzen. Nicht umsonst heißt es, dass ein mit Humus gut versorgter Boden ein „reicher" Boden ist.

Erfolgsrezept

Decke deinen Boden immer mit organischem Mulch ab, denn davon hängt in großem Umfang seine natürliche Dynamik ab.

Gut gemacht

Zusätzlich zu den genannten Vorteilen sorgt das Mulchen dafür, dass du weder den Boden umgraben musst, noch später stundenlang mit Hacken und Jäten beschäftigt bist.

2 NATÜRLICHE RESSOURCEN NUTZEN

Alle organischen Abfälle, die du kompostiert oder direkt auf den Boden aufgebracht hast – Gemüsereste und -schalen aus der Küche oder Pflanzenreste, die bei der Pflege deines Gartens anfallen –, verstärken die biologische Aktivität deines Bodens, steigern seinen Humusgehalt und erhöhen den Umfang deiner zukünftigen Ernten.

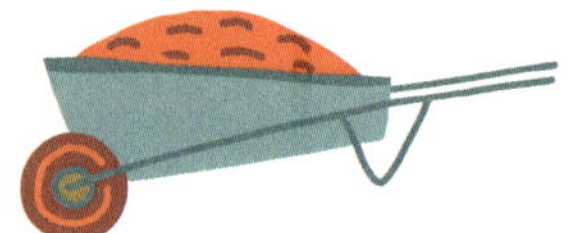

→ Grünabfälle kompostieren

Erfolgsrezept

Ein Muss! Alle organischen Abfälle werden in deinem Garten wiederverwertet.

Holzabfälle zu verbrennen, ist nicht überall gestattet. Frage auf dem Ordnungsamt deiner Gemeinde nach, ob es erlaubt ist. Alternativ kannst du sie zum Wertstoffhof oder Kompostplatz bringen. Verwerte ansonsten alle pflanzlichen Stoffe, die dir in die Finger kommen! Damit kommst du dem Prinzip „Null Abfall“ sehr nahe und reduzierst deinen „ökologischen Fußabdruck“ auf ein Minimum.

Der Komposthaufen

In deinem Komposthaufen schichtest du organische Stoffe auf. Sie durchlaufen darin einen ersten Abbauprozess, bevor du dieses Material im Garten wiederverwenden kannst. Am besten wählst du dafür einen etwas abgelegenen, aber gut erreichbaren Platz im Halbschatten. Innerhalb von drei bis vier Monaten wird daraus Grob- bzw. Frischkompost und nach sechs bis zwölf Monaten Fertig- bzw. Reifekompost.
Nimm eine Grabegabel und durchlüfte damit die Stelle, an der der Komposthaufen aus den organischen Abfällen entstehen soll. Je nachdem, wie schnell er wächst, solltest du gelegentlich ein paar Schaufeln reifen Kompost untermischen. Damit verbesserst und beschleunigst du den Abbauprozess – falls notwendig, ab und zu etwas gießen. Nach dem Aufbau im Frühjahr solltest du ihn während des Sommers zwei- bis dreimal umsetzen – damit wird eine gleichmäßige Kompostierung erreicht.

Gut ausgerüstet

Ein Komposter ist ein großer Kasten aus Holz oder recyceltem Plastik. Er fällt im Garten nicht auf und liefert dir einen ähnlich guten Kompost wie ein Komposthaufen.

Kompostierung im Beet

Diese Art der Kompostierung im Garten macht es dir das ganze Jahr über einfacher, nach und nach natürliches und frisches Pflanzenmaterial hinzuzufügen. Die unterschiedlichen

Was darf auf den Kompost?

KÜCHENABFÄLLE UND ORGANISCHER HAUSHALTSMÜLL	Schalen und Blätter von Gemüse, Erbsenschoten, Kaffeesatz, Tee und Teebeutel, Eierschalen, Küchentücher und Servietten aus Papier
GARTENABFÄLLE	Rasenschnitt, abgestorbene Blätter, junge Äste, unterschiedliches zerkleinertes Material, verdorbenes oder nicht geerntetes Gemüse und Obst, verwelkte Blumen, Wurzelballen von abgestorbenen Pflanzen, verbrauchte Blumenerde, alter Kompost, Unkraut
EXKREMENTE VON KLEINEN HAUSTIEREN	Streu, Kaninchenkot, Hühnerkot, Haare, Federn, Wolle
ANDERE ORGANISCHE MATERIALIEN	Pappe, Pferdemist, Stallmist, Stroh, altes Heu, Sägemehl, Pilzreste

Meine Anmerkungen ....

So wird dein Kompost richtig gut

Achte darauf, dass du Schichten mit kohlenstoffreichem Material organischer Herkunft – Stroh, verwelktes Laub, feine oder zerkleinerte Äste – und Schichten mit hohem Stickstoffanteil – Mähgut, Laub, Küchenabfälle, Mist ohne Stroh – gut miteinander vermischst.

organischen Stoffe, die direkt auf der Erde liegen – sei es mit oder ohne vorherige Belüftung mit der Gartengabel – bewirken ein schnelles Wachstum der vorhandenen Mikroorganismen. Das beschleunigt den Abbauprozess deutlich.

Gut zu wissen: Die Kompostierung direkt im Beet ist nicht so bekannt. Dieser Humus erweist sich aber als besonders wertvoll. Wo immer es möglich ist, solltest du diese Art der Kompostierung wählen.

Wenn du direkt im Beet kompostieren möchtest, verteilst du zerkleinertes organisches Material um die Pflanzen herum. Aber Vorsicht: nicht zu viel nehmen! Gras und frische Pflanzen mit hohem Feuchtigkeitsgehalt solltest du nur sparsam auf den Beeten verteilen, also maximal 2 cm dick. Im Winter dauert es mehrere Monate, bis alles zersetzt ist, im Sommer dagegen nur ein paar Wochen.

→ So stellst du Mist, Pflanzenjauche und Gründünger her

Mist

Natürlicher Dünger besteht aus Kot von Kühen, Pferden oder Schafen, der mit der Einstreu vermischt ist. Durch die Vermischung dieser beiden Komponenten entsteht eine organische Substanz, in der sich Zellulose und kohlenstoffhaltige Anteile die Waage halten. In ländlichen Gebieten und wenn du Kleintiere hältst, kannst du dir Mist einfach beschaffen. Er lässt sich aber auch aus Stroh und Kot selbst herstellen, wenn man Nutztiere hat.

Pflanzenjauche

Pflanzenjauche entsteht, wenn die Inhaltsstoffe von Pflanzen in Wasser gelöst werden. Diese Jauche kannst du als Dünger für Topfpflanzen verwenden. Brennnesseljauche ist besonders reich an Stickstoff, und Jauche von Beinwell enthält viel Kalium. Je nach ihren Inhaltsstoffen wirkt Pflanzenjauche auch gegen Insekten oder Pilze.

Gründünger

Gründüngerpflanzen reichern den Boden mit Stickstoff an und verbessern seine Struktur. Sie gehören zu den unterschiedlichsten botanischen Familien: Brassicaceae (Raps, Senf, Rüben), Fabaceae (Dicke Bohne, Luzerne, Klee, Wicke), Poaceae (Hafer, Roggen) und Hydrophylaceae (Bienenweide). Du solltest sie im Sommer auf den Beeten aussäen, die du nicht bepflanzen möchtest.

Erfolgsrezept

Fruchtbarer Boden ist eine Erde, in der sich viele organische Substanzen in verschiedenen Stadien der Zersetzung befinden.

MIST	PFLANZENJAUCHE	GRÜNDÜNGUNG
Verteile Stroh in einem 2 m breiten und 30 cm hohen Beet. Bestreue das Stroh mit stickstoffreichem Mist aus dem Hühnerstall. Gründlich gießen, dann ist dein natürlicher Dünger in vier bis sechs Monaten reif.	Verwende Wermut, Schafgarbe, Knoblauch, Algen, Engelwurz, Beinwell, Farn, Besenginster, Lavendel, Walnuss (Blätter), Schachtelhalm, Löwenzahn, Zwiebel, Brennnessel, Weinraute. Zerkleinere die Pflanzen und übergieße sie in einem Behälter mit Wasser. Rühre 10 bis 20 Tage lang regelmäßig um, damit alles gleichmäßig gärt. Verdünne die Jauche im Verhältnis 1:10, wenn du Pflanzen damit düngen möchtest und 1:20, wenn du damit gießt.	Streue die Samen der Gründüngerpflanzen direkt auf den Boden, den du zuvor gründlich mit der Grabegabel belüftet und eingeebnet hast. Die Aussaat sollte zeitlich gut passen. Zwei bis drei Wochen, bevor du das Beet bepflanzen möchtest, schneidest du die Gründüngerpflanzen ab, gibst sie auf den Kompost oder arbeitest sie in den Boden ein.

Gut gemacht

In einem Boden, der mit organischer Substanz versorgt ist, wachsen alle Pflanzen sehr gut, in einem unterversorgten dagegen wird ihre Entwicklung gestört, und der erwartete Ertrag ist geringer. Wenn du weißt, wie groß der Nährstoffvorrat sein sollte, kannst du die Versorgung von vorneherein entsprechend planen.

→ So gewinnst du Wasser

Welches Wasser verwendet man zum Bewässern?

Wenn der Grundwasserspiegel nicht tiefer als 5 m liegt, steht deinen Pflanzen jederzeit Wasser zur Verfügung. Liegt er tiefer, kann für viel Geld eine Pumpe oder ein Brunnen eingebaut werden, damit jederzeit Wasser vorhanden ist. Regenwasser dagegen gibt es (fast) immer, und es kostet nichts. Um dieses zu gewinnen, baust du an eine vertikal verlaufende Regenrinne einen Regensammler ein. Wähle ein Modell, das zusätzlich einen Filter und möglichst auch einen Überlaufstopp hat. Die Regentonne sollte 200 bis 800 Liter fassen.

So baust du deinen eigenen Wassersammler

Mit einer Lochsäge sägst du auf der gewünschten Höhe ein Loch von ca. 4 bis 5 cm Durchmesser in die Regenrinne. Baue den Regensammler ein und befestige ihn mit zwei selbst schneidenden Schrauben an der Dachrinne. Dann ist das Sammelventil anzubringen und mit einem kurzen Schlauch und einem Verbindungsstück mit der Regentonne zu verbinden – am einfachsten geht das mit einer Schnappverbindung.

Erfolgsrezept

Bei empfindlichen Pflanzen solltest du nur Wasser verwenden, das mindestens 24 Stunden abgestanden ist, es hat dann Umgebungstemperatur.

Mit wie viel Wasser kannst du rechnen?

Je nach Niederschlagsmenge in deiner Gegend fängt ein Quadratmeter Dach ungefähr zwischen 500 und 1000 Liter Regenwasser auf.

Auch wenn eine Mulchschicht den Wasserverbrauch deutlich einschränkt, reicht sie manchmal nicht aus. Während der Wachstumsperioden empfindlicher Pflanzen oder bei sehr wenig Regen im Sommer muss zusätzlich gegossen werden, um den Wasserbedarf der Gartenpflanzen auszugleichen.

3 FÖRDERE DIE ARTENVIELFALT IN DEINEM GARTEN

In deinem Garten leben hilfreiche Organismen, die bei der Bekämpfung von Schädlingen und Krankheiten eine Rolle spielen, dazu gehören kleine Säugetiere und verschiedene Insekten. Sie sichern deine Ernte und bekämpfen Schädlinge und Pilze, die für Nutzpflanzen schädlich sind.

→ Nützlinge – ein wertvolles Gut

Erfolgsrezept

Sorge dafür, dass möglichst viele und unterschiedliche Arten von Nützlingen in deinem Garten zu finden sind. Damit wird eine natürliche Kontrolle der Schädlinge verbessert.

Im Verborgenen …

Dass du sie nicht siehst, heißt nicht, dass sie nicht da sind! Viele Nützlinge leben tatsächlich sehr gut versteckt. Raubmilben sind mit bloßem Auge nicht zu erkennen, und Schlupfwespen sind kaum 2 bis 3 mm lang. Florfliegen sind an ihren langen Flügeln erkennenbar – sie fliegen aber hauptsächlich nachts. Die erdfarbenen Moderkäfer entdeckt man kaum, wenn sie sich auf dem Boden fortbewegen. Viele, wie der Schwarze Moderkäfer, Motten und Apfelwickler – ganz zu schweigen von Spitzmäusen, Fledermäusen und Igeln – machen die Nacht zum Tag. Schwebfliegen und Mauerbienen werden manchmal mit Wespen verwechselt. Nur die Marienkäfer sind wegen ihrer orangeroten Flügel mit den schwarzen Punkten einfach zu erkennen.

… aber wirkungsvoll

Alle Schädlinge im Garten haben Feinde. Raubmilben, Florfliegen und Raubwanzen fressen Rote Spinnen, die während der heißen Sommermonate häufig vorkommen. Schlupfwespen, Laufkäfer und Moderkäfer halten Weiße Fliegen und Raupenpopulationen in Schach,

und sehr viele Nützlinge haben Blattläuse zum Fressen gern – von furchterregenden Spinnen bis hin zu Schwebfliegen und Ohrwürmern.

Welche Nützlinge leben in deinem Garten?

Raubmilben ☐ Spinnen ☐
Moderkäfer ☐ Schwebfliegen ☐
Kurzflügler ☐ Schlupfwespen ☐
Florfliegen ☐ Marienkäfer ☐
räuberische Fadenwürmer ☐
Ohrwürmer ☐ Raubwanzen ☐

→ So lockst du die Nützlinge in deinen Garten

Hier fühlen sich Nützlinge wohl

Eine alte Steinmauer, alte Bäume oder ein Holzstapel – in diesen Schlupfwinkeln finden Nützlinge Schutz. Eine Mulchschicht schützt sie im Sommer vor Hitze, Helligkeit sowie Trockenheit und bietet in der kalten Jahreszeit einen passenden Unterschlupf. Wenn es in deinem Garten nicht genügend natürliche Schlupfwinkel gibt, lege einfach kleine Verstecke an oder baue ein Insektenhotel.

Blumen und Insekten – eine perfekte Kombination

Normalerweise ist die Nahrung der Insekten sehr abwechslungsreich. Insektenlarven leben räuberisch, während die ausgewachsenen Insekten Nektar sammeln und Pflanzen suchen, die diesen reichlich anbieten. Pflanze deshalb an diversen Stellen in deinem Garten verschiedene Sträucher und Blumen, die zu unterschiedlichen Zeiten blühen. Achte besonders darauf, dass du Pflanzen verwendest, die früh im Jahr und/ oder bis zum Herbst blühen.

• TOP 10 •
Lieblingspflanzen der Nützlinge

1. Efeu
2. Kornelkirsche
3. Schneeheide
4. Lorbeerblättriger Schneeball
5. Winter-Geißblatt
6. Haselnuss
7. Schwarzer Holunder
8. Wolliger Schneeball
9. Stechpalme
10. Rosmarin

Nützlinge brauchen unbedingt Wasser. Sie trinken und nutzen es zum Nestbau und Baden. Lass ein Holzscheit oder ein kleines Reisigbündel in einer Schale mit Wasser schwimmen, dann erreichen sie das Wasser besser.

So baust du ein Insektenhotel

Suche dir ein paar alte Bretter und baue daraus eine Kiste mit Dach, damit die Insekten bei Regen nicht nass werden. Wenn du verschiedenste Insekten anlocken möchtest, solltest du viele „Kammern" einplanen und sie, was das Material angeht, sehr unterschiedlich ausstatten: hohle Stängel, Teile von morschen Baumstämmen, trockenes Stroh oder Heu, alte Rindenstücke, Moos und Kiefernzapfen.

Erfolgsrezept

Verzichte auf jegliche wachstumsfördernde Mittel, die die Anzahl der Nützlinge einschränken könnten, auch wenn sie „bio" sind.

Meine Beobachtungen

DAS KONZEPT

So legst du einen Permakultur-Garten an:

Jetzt geht es los!

Hast du einen guten Boden und ein (fast) ebenes Gelände, ist nichts Besonderes zu tun, wenn du einen Gemüse- oder Obstgarten anlegen oder Bienenstöcke aufstellen möchtest. Ist der Boden nicht gut, solltest du kleine Erddämme anlegen oder verschiedene Erdschichten übereinanderschichten (wie bei einer Lasagne). Ein kleines Gewächshaus oder ein Frühbeet kann zu einer guten Ernte verhelfen oder die Ernte noch etwas hinauszögern. Aussaat und Pflanzung beginnen früher im Jahr, du kannst frühzeitig mit der Ernte beginnen und das ganze Jahr über ernten.

1 PLANE DEINEN GARTEN

Das ideale Gelände gibt es nicht. Jedes Grundstück hat Vorzüge, die du noch verbessern kannst und weniger gute Eigenarten, die optimiert werden sollten. Der Ort, an dem du lebst, bestimmt das Klima und damit auch die Beschaffenheit und die Struktur des Bodens.

→ Was sind die Vor- und Nachteile deines Gartens?

Du bist noch auf der Suche nach einem Garten?

Wenn du dich für ein eher flaches und sonniges Stück Land entscheidest, geht das Anpflanzen später leichter. Idealerweise besteht der Boden dort aus 65 % Sand, 20 % Ton, 5 % Kalk und 10 % Humus. Gut wäre ein annähernd neutraler pH-Wert – also weder sauer noch basisch. Darauf gedeihen die meisten Gemüse und Gewürze, Blumen sowie Obstsorten.

Dein Garten gehört dir schon?

Dann musst du mit ihm arbeiten. Tatsächlich ist ein Garten, in dem du nichts anpflanzen kannst, vergleichsweise selten. Nur auf Böden, die zu kalkhaltig (pH <8) oder zu sauer (pH < 5,5) sind, oder deren Tonanteil über 35 % liegt, sollte nichts angepflanzt werden. Ein Boden, der im Winter nicht zu nass und im Sommer nicht zu trocken ist, macht dir die Arbeit leichter.

Erfolgsrezept

Wie gut du deinen Boden kennst, bestimmt in hohem Maße deine zukünftigen Erträge.

Gib kein Geld für teure Bodenanalysen aus. Sprich mit einem Bauern oder Gärtner in der Umgebung, er kennt seine Böden und liefert dir sicher zuverlässige Informationen über Zusammensetzung, Struktur und den pH-Wert deines Bodens.

→ Dein Garten hat gute und schlechte Seiten

Die klimatischen Bedingungen und die Beschaffenheit des Bodens sind im Garten nicht überall gleich. Mauern, Anpflanzungen und Hauswände können für ein ungünstiges Mikroklima sorgen, wie kalte Ecken, sehr schattige Bereiche und zugige Korridore. Manchmal wirken sie sich aber auch günstig aus, z. B. auf sonnige Bereiche, die im Frühjahr schnell warm werden oder windgeschützt liegen.

Erfolgsrezept

Die Bereiche in deinem Garten, an denen der Schnee zuerst schmilzt, zeigen dir die besten Plätze für zukünftige Beete.

So sieht mein Grundstück aus

Du bist von deinem Gelände und den klimatischen Bedingungen, aber auch von der Topografie, von der Beschaffenheit und Zusammensetzung des Bodens und von der Verfügbarkeit von Wasser abhängig. Untersuche dein Gelände bis ins kleinste Detail, bevor du es bepflanzt.

GRÖSSE	• weniger als 200 m² ☐ • 200 bis 500 m² ☐ • 500 bis 800 m² ☐ • mehr als 800 m² ☐
TOPOGRAFIE	• flach ☐ • leicht geneigt ☐ • steil ☐
AUSRICHTUNG	• sehr sonnig ☐ • mäßig sonnig ☐ • kaum sonnig ☐
WIND	• schwach ☐ • mittel ☐ • stark ☐
ZUSAMMENSETZUNG DES BODENS	• eher schwer ☐ • eher gemischt ☐ • eher leicht ☐
FEUCHTIGKEIT DES BODENS	• eher feucht ☐ • weder trocken noch feucht ☐ • eher trocken ☐
PH-WERT	• sauer ☐ • neutral ☐ • basisch ☐
NIEDRIGSTE TEMPERATUR IM WINTER	• nie unter −5 °C ☐ • nie unter −10 °C ☐ • nie unter −15 °C ☐ • nie unter −20 °C ☐
VERFÜGBARKEIT VON WASSER	• Grundwasserspiegel nicht tiefer als 5 m ☐ • genügend Regen im Winter, genügend Regen im Frühjahr ☐ • genügend Regen im Sommer ☐

Überlege gut, bevor du eine alte Mauer, einen vor langer Zeit gepflanzten Baum oder eine gut entwickelte Hecke entfernst. Sie ist ganz besonders für das Mikroklima in deinem Garten verantwortlich. Wenn dir das erst nach der Entfernung klar wird, ist es zu spät.

• TOP 3 •
Vorteile meines Gartens

1: ....

2: ....

3: ....

• TOP 3 •
Nachteile meines Gartens

1: ....

2: ....

3: ....

→ Zeichne einen Plan deines Gartens

Erfolgsrezept

Egal, ob eine einfache Skizze oder eine exakte Zeichnung – ein Plan ist ein unverzichtbarer Schritt, um einen Garten zu gestalten.

Zuerst brauchst du einen Bestandsplan

Am besten verwendest du dafür einen Grundbuchplan. Darin kannst du den aktuellen Bestand (Haus, Bäume) eintragen: Welche Pflanzen möchtest du erhalten, welche Gebäude sollen stehen bleiben, wo liegen Hänge, wo ist es schattig, sonnig oder zugig, welche Lagen sind günstig und welche nicht – kurz alle guten und schlechten Gegebenheiten, die bei der Anlage deines Gartens berücksichtigt werden sollten.

Ein Aufbau in Zonen

Nach den Grundsätzen der Permakultur angelegt, gleicht kein Garten dem anderen, aber alle sind ähnlich aufgebaut. Egal, ob im Stadtzentrum oder am Rand der Stadt – das Haus ist der Mittelpunkt, um den sich kreisförmig weitere Zonen entfalten. Von diesem „Nullpunkt“ aus teilst du dein Land in Kreise von drei bis fünf Zonen ein, bei einem Grundstück größer als 1000 m² entsprechend mehr. In Zone 1 befinden sich die Flächen, um die du dich jeden Tag kümmern musst. Die am weitesten entfernte Zone, die „wilde“ Zone, ist die, nach der am wenigsten geschaut wird. Dazwischen werden die übrigen Zonen eingetragen.

Beispiel:
Zone 1: Kräutergarten, Frühbeet und Gewächshaus
Zone 2: Gemüsegarten
Zone 3: Kleintiere
Zone 4: Obstgarten und -hecken
Zone 5: Bäume, Teich und naturbelassene Bereiche

Wege und Umwege

Achte darauf, dass du dich zwischen den einzelnen Zonen einfach bewegen kannst. Mach es dir nicht unnötig schwer, der gerade Weg ist immer der kürzeste. Um den Überblick zu behalten, kannst du jede Zone in einer anderen Farbe eintragen:
Rot: Obstbäume und eventuell ein kleiner Stall
Grün: Gemüsegarten und Sträucher.
Orange: Kräuterbeet und Stauden

ICH MÖCHTE IN MEINEM GARTEN HABEN:	JA	NEIN	ZONE NR.
Gemüsegarten	☐	☐	
Kräutergarten	☐	☐	
Obstbäume und -hecken	☐	☐	
Wohlfühlecke	☐	☐	
Stall	☐	☐	
Bienenstöcke	☐	☐	
Gewächshaus oder Frühbeet	☐	☐	
Sonstiges	☐	☐	

Mein Gartenplan

Maßstab: ....

2 BAUE DIE PASSENDEN GEMÜSEARTEN AN

Zwischen Ende Februar und Oktober wirst du Gemüse säen und pflanzen. Die Ernte dagegen verteilt sich auf zwölf Monate. Pflanze möglichst viele unterschiedliche Sorten an, damit du auf jeden Fall regelmäßig nacheinander ernten kannst. Die Anbaumethoden von Gemüse, Kräutern und Gewürzen gleichen sich weitgehend.

→ Gemüse

Erfolgsrezept

Je größer deine Auswahl an Gemüsearten, desto genauer und sorgfältiger musst du auf den Anbaukalender achten.

In unseren Breitengraden werden mehr als 150 Gemüsesorten angebaut, ungefähr 30 davon häufig. Von der Aussaat bis zur Ernte gibt es für jede Art den passenden Anbaukalender. Viele Gemüsearten wachsen am besten im Sommer, und nur die widerstandsfähigsten halten die Wintertemperaturen aus. Zwischen Mai und September ist man als Gemüsegärtner in erster Linie mit Ernten beschäftigt.

Alte Gemüsesorten

Der Anbau vieler „alter“ Gemüsesorten ist gar nicht so alt. In der Regel handelt es sich dabei um exotische Arten, die zwischen dem 17. und dem 19. Jahrhundert nach Europa kamen. Du kannst sie ruhig anpflanzen, meist sind sie anspruchslos und einfach zu pflegen.

GÄNGIGE GEMÜSEARTEN	MAL AUSPROBIEREN …
Aubergine, Blumenkohl, Bohnen (Prinzess-, Stangen- und Buschbohnen), Brokkoli, Endivien, Erbse, Feldsalat, Gurke, Karotte, Kartoffel, Kopfsalat, Kürbis, Lauch, Mairübchen, Paprika, Pastinake, Radieschen, Rosenkohl, Rote Bete, Rotkohl, Sellerie (Knollen- und Stangensellerie), Spinat, Tomate, Weißkohl, Wirsing, Zucchini, Zwiebel	Ampfer, Artischocke, Chicorée, Chinakohl, Dicke Bohne, Garten-Melde, Grünkohl, Honigmelone, Knollen-Fenchel, Knollenziest, Kohlrabi, Löwenzahn, Mais, Mangold, Physalis, Radicchio, Rucola, Spargel, Schwarzwurzel, Sommerportulak, Steckrübe, Süßkartoffel, Topinambur, Winterportulak, Zuckererbse

Weitere Pflanzen: ....

....

Kräuter und Gewürzpflanzen

Das Angebot an Kräutern hat sich in den letzten Jahren deutlich vergrößert. Von den ungefähr 100 Arten, die angebaut werden, sind rund 20 unentbehrlich für deinen Garten. Dazu gehören mehrjährige Kräuter wie Schnittlauch, Minze, Oregano. Estragon oder Liebstöckel, Gewürzsträucher wie Salbei, Rosmarin, Thymianarten, Berg-Bohnenkraut, Ysop sowie Lavendel und Zwiebelgewächse wie Knoblauch und Schalotten. Nicht zu vergessen Meerrettich und einjährige Kräuter wie Dill, Brunnenkresse, Koriander, Kerbel oder Rucola und die zweijährige Petersilie.

Gut zu wissen: Obwohl sie zum Essen angebaut werden, sind Kräuter in deinem Permakultur-Garten auch sehr hilfreich, um Schädlinge fernzuhalten.

Vorsicht bei Kälte!

Viele mehrjährige und verholzende Kräuter sind vollkommen winterhart. Andere, wie Majoran, Sommer-Bohnenkraut oder Chili, sind einjährig oder brauchen im Winter einen vor Kälte geschützten Platz, da sie frostempfindlich sind, wie Zitronengras und Zitronenverbene.

Gib jeder Gewürzpflanze ihren Lieblingsplatz – entsprechend ihren Bedürfnissen will sie im Schatten, im Halbschatten oder in der Sonne wachsen.

WICHTIGE KRÄUTER- UND WÜRZPFLANZEN	MAL AUSPROBIEREN …
Basilikum, Chili, Knoblauch, Liebstöckel, Minze, Oregano, Petersilie, Rosmarin, Rucola, Salbei, Schalotte, Schnittlauch, Thymian, Zitronenmelisse	Ananas-Salbei, Bohnenkraut, Brunnenkresse, Dill, Estragon, Kerbel, Koriander, Lavendel, Lorbeer, Majoran, Meerrettich, Ysop, Zitronengras, Zitronenverbene

Weitere Pflanzen: ....

....

....

....

....

Bei Obstbäumen und -sträuchern handelt es sich um mehrjährige verholzende Pflanzen, die viele Jahre lang in deinem Garten stehen werden. Kräftige und widerstandsfähige Obstbäume werden mehrere Meter hoch, Beerensträucher mit kleinen Früchten dagegen werden im Allgemeinen nicht höher als 2 m.

Obst

Erfolgsrezept

Pflanze in erster Linie Obstbäume und Beerenobstarten an, die sich sehr gut an deinen Boden und den klimatischen Bedingungen anpassen.

Obstbäume …

Aprikosen-, Pflaumen-, Kirsch-, und Quittenbäume werden im Allgemeinen freistehend (d. h. als Hochstamm) angebaut, das Gleiche gilt für Apfel- und Birnbäume. Sie werden oft veredelt, indem ein Edelreis (einjähriger, verholzter Zweig) auf eine schwächer wachsende Unterlage aufgepfropft wird. In den letzten Jahren tauchten so klein bleibende oder säulenförmige Bäume auf, die gut für kleine Gärten geeignet sind. Pfirsich- und Feigenbäume werden nur mittelmäßig hoch.

… und Beerensträucher

Die kleinen Sträucher, z. B. Himbeeren oder Rote und Schwarze Johannisbeeren, werden ungefähr mannshoch. Andere, wie Weintrauben, Garten-Brombeeren und Kiwis, sind wüchsiger und sollten besonders gepflegt und geschnitten werden.

Sorten und passende Unterlagen

Beim Kauf der Obstgehölze solltest du dich in einer Baumschule erkundigen, welche Sorten und Unterlagen am besten zu deinem Boden passen.

WICHTIGE OBSTGEHÖLZE	MAL AUSPROBIEREN …
Apfel, Aprikose, Pfirsich, Pflaume, Quitte	Esskastanie, Feige, Kaki, Mandel, Mispel, Nashi-Birne, Süß- und Sauerkirsche, Walnuss

Weitere Pflanzen: ……………………………………

WICHTIGES BEERENOBST	MAL AUSPROBIEREN …
Brombeere, Erdbeere, Himbeere, Kiwi, Rote und Schwarze Johannisbeere, Stachelbeere, Weintraube	Cranberry, Felsenbirne, Haselnuss, Heidelbeere, Mini-Kiwi, Preiselbeere, Wald-Erdbeere

Weitere Pflanzen: ……………………………………

→ Blumen

Erfolgsrezept

Suche dir Blumen aus, die schnell wachsen und die man nicht vereinzeln muss.

Blütenfülle dank Direktaussaat

Ein selbst ausgesätes Blumenbeet blüht im Sommer und Herbst. Je nach Mischung der Saat, lockt es verschiedenste Nützlinge an, wie Bienen, Schmetterlinge und Vögel. Bepflanze damit ein vorübergehend nicht bewirtschaftetes Gemüsebeet, somit hast du ein herrlich blühendes Brachland. Wenn die Blüten verwelkt sind, schneide sie ab und lasse sie als Gründünger auf dem Boden liegen.

So legst du ein Blumenbeet an

Im April lockerst du den Boden und ebnest ihn ein. Streue dein Saatgut wie empfohlen gleichmäßig auf dem Beet aus (1 bis 5 g pro m^2). Danach verteile vorsichtig etwas Erde über die Samen. Rolle mit einer Walze über den Boden, damit Erde und Saatgut gut aneinanderhaften und gieße das Beet an. Drei bis fünf Wochen später jätest du von Hand großzügig das eventuell gekeimte Unkraut – jetzt können deine Blumen ihre volle Pracht entfalten.

Deine Blumenmischung

Je mehr Blumenarten deine Mischung enthält, desto zahlreicher und vielfältiger sind die Insektenarten, die sie anlocken.

WICHTIGE SOMMERBLÜHER
Beinwell, Borretsch, Färberkamille, Feuerbohne, Inkarnat-Klee, Kapuzinerkresse, Mädchenauge, Mehl-Salbei, Nachtviole, Phazelie, Ringelblume, Schafgarbe, Schmuckkörbchen, Studentenblume
MAL AUSPROBIEREN …
Bechermalve, Färberdistel, Fleißiges Lieschen, Flockenblume, Gewürzfenchel, Kokardenblume, Kronen-Lichtnelke, Prunkwinde, Sommerazalee (Godetie), Sonnenhut, Spornblume, Steinkräuter, Taglilie, Wunderblume

Weitere Pflanzen: ....

....

....

....

....

....

....

....

....

....

3 SO GESTALTEST DU DEINEN GEMÜSEGARTEN

Einen guten Boden kannst du ohne große Vorbereitungen direkt bepflanzen. Nur ein „schwieriger" Boden – steinig, extrem lehmig, kalkhaltig oder sandig – muss vorher besonders bearbeitet werden.

Erfolgsrezept

Verzichte auf größere Erdarbeiten oder das Umgraben des Bodens, wenn sein Zustand es nicht unbedingt erfordert.

→ Direkt in den Boden pflanzen

Wenn der Boden in deinem Garten gut ist, kannst du den ganzen Garten bepflanzen, ohne dass eine vorherige Bearbeitung notwendig wäre. Jeder Quadratmeter wird bepflanzt und die Wege und Pfade können so anlegt werden, wie es dir gefällt.

Bevor du dein Gelände für die ersten Anpflanzungen vorbereitest, lockere im Herbst den kompletten Boden mit der Grabegabel und decke ihn danach ungefähr 10 cm hoch mit reifem Kompost oder kompostiertem Mist ab.

Lasse den Garten den Winter über so ruhen und starte mit den ersten Pflanzungen erst im darauffolgenden Frühjahr.

→ Pflanzen auf Hügelbeeten

Wenn du ein Hügelbeet anlegen möchtest, erfordert dies eine umfassende Vorbereitung. Wenn das Hügelbeet erstmal aufgebaut ist, können darauf die meisten Gemüse- und Gewürzpflanzen angebaut werden. Der Hügel soll nicht zu groß sein – 1,50 m in der Breite genügen. Lockere die komplette Grundfläche mit einer Grabegabel, bevor du den Hügel aufbaust. Häufle zerkleinerte Zweige, Falllaub und verschiedene organische Materialien – diese sollten mehr oder weniger stark zersetzt sein – aufeinander. Den Abschluss sollte eine ungefähr 20 cm dicke reife Kompostschicht bilden.

Eine Kräuterspirale in deinem Garten

In einer Kräuterspirale mit ihrem schneckenhausähnlichen Aufbau aus unbearbeiteten Steinen und gefüllt mit guter Gartenerde kannst du die meisten Kräuter und Gewürze pflanzen.

→ Gärtnern in Schichten („Lasagne-Prinzip“)

Bei dieser Art des Anbaus werden mehre Schichten organischen Materials übereinandergelegt. Darauf können verschiedene Gemüsearten angebaut werden: Tomaten, Paprika, Auberginen, Zucchini, Gurken und Kürbisse, die auch auf einem Boden mit wenig oder gar nicht zersetztem Kompost sehr gut gedeihen. Um die Lasagne-Schichten aufzubauen, legst du zuerst zusammengefaltete Verpackungskartons auf dem Boden aus. Darauf kommen nacheinander Schichten von 3 bis 10 cm Höhe aus unterschiedlichen organischen Substanzen: Grasschnitt, Herbstlaub, Stroh, kompostierter Mist und Roh-Kompost. Wenn alles fertig ist, sollte deine „Lasagne“ mindestens 50 cm hoch sein. Gieße das Ganze gründlich und schließe mit einer 15 bis 30 cm dicken Schicht aus gutem Kompost ab. Vor dem Bepflanzen solltest du das Beet einige Tage ruhen lassen.

Am Anfang war die Kartoffel …

Die beste Möglichkeit, einen Gemüsegarten vorzubereiten, ist, ihn im ersten Jahr ausschließlich mit Kartoffeln zu bepflanzen. Die Wurzeln dieses kräftigen Gemüses lockern den Boden wunderbar auf und bereiten ihn für die kommenden Pflanzen vor.

→ Hochbeete

Ein Hochbeet besteht aus einem rechteckigen Rahmen aus ungefähr 20 cm breiten unbehandelten Brettern. Für dein Hochbeet baust du daraus einen Kasten, der etwa 1,20 m hoch sein sollte. Der Boden unter dem Hochbeet sollte davor mit einer Grabegabel gut gelockert und mit Kompost oder kompostiertem Mist bedeckt werden. Im ersten Schritt pflanzt du Gemüse ein, das sich auf einem Boden mit frischem organischem Material wohlfühlt. Später wird sich der Boden somit verdichten. Mit neuem organischem Material wird dies dann wieder bis zum ursprünglichen Stand der Erde in deinem Hochbeet ausgeglichen.

4 BEWÄHRTE IDEEN ÜBERNEHMEN

Eine Obsthecke garantiert dir gesunde Ernten und bietet gleichzeitig Nahrung und Schutz für Bienen und Nützlinge. Ein Hühnerstall sorgt dafür, dass die unterschiedlichsten Garten- und Küchenabfälle wiederverwertet werden, und die Hühner versorgen dich täglich mit frischen Eiern. Bienen liefern den Honig und ein Teich unterstützt die Artenvielfalt.

→ Lege eine Obsthecke an

Die Vorteile

Eine mehrstufige Hecke sichert auf einer vergleichsweise kleinen Fläche eine Vielzahl unterschiedlicher Ernten. Ist sie einmal angelegt, wächst sie nicht mehr sehr hoch. Sie mildert starke Temperaturschwankungen, reguliert die Verdunstung und ermöglicht dadurch eine Steigerung der kommenden Erträge.

So pflanzt du eine Obsthecke an

Pflanze deine Hecke im Oktober oder November. Zuerst lockerst du auf 1 m Länge den Boden mit der Grabegabel. Pflanze als Erstes eine Reihe hochstämmiger Bäume, wie Pflaumen- Kirsch-, Aprikosen-, Apfel- und Birnbäume, die auf Unterlagen veredelt wurden, und davor kleinere Obststräucher. Sorge für Abwechslung, indem du die großen Bäume mit 5 bis 8 m Abstand und die Sträucher in einem Abstand von 1 bis 1,20 m pflanzt. Setze nur junge Bäume oder wurzelnackte Gehölze und Beerensträucher in Containern. Mulche die Hecke nach der Pflanzung mit zerkleinerten Zweigen oder Kompost.

Gut zu wissen: Eine gemischte Obsthecke besteht aus einer Reihe niedrigerer Beerensträucher und ein oder zwei Baumreihen aus mittelgroßen bzw. großen Obstbäumen.

Erfolgsrezept

Wähle viele verschiedene Obstarten und -sorten, somit hält sich das Auftreten von Krankheiten und Parasiten, die oft eine bestimmte Art bevorzugen, in Grenzen.

Suche dir robuste Arten aus

Von jeder Obstart gibt es Sorten, die weniger anfällig für Krankheiten sind. Wähle daher bei Apfelbäumen Sorten aus, die unempfindlich gegen Apfelschorf sind, und Pfirsichbäume, bei denen die Kräuselkrankheit seltener vorkommt.

Einen Hühnerstall einrichten

So fühlen sich deine Hühner wohl

Hühner genießen die Ruhe und kommen ganz gut mit kaltem Wetter im Winter und sommerlicher Hitze zurecht. Trotzdem solltest du deinen Hühnerstall nicht in der prallen Sonne anlegen. Plane für zwei bis drei Hühner einen Hühnerstall von 1 m² und einen eingezäunten Auslauf von ca. 30 m² ein. Der Zaun sollte mindestens eine Höhe von 1,5 m haben und die Maschenweite 3 bis 5 cm betragen.

Die Hühner ziehen ein

Mai und Juni sind die besten Monate für die Anschaffung der jungen Hühner. Gleich nach dem Kauf der Tiere setzt du sie in den Stall und schließt die Tür über Nacht. Am nächsten Tag die Stalltür öffnen und die Hühner innerhalb des Zaunes herumlaufen lassen. Abends die Hühner einsperren und sie am nächsten Morgen wieder freilassen. Nach ein paar Tagen finden sie selbst wieder den Weg in den Hühnerstall.

Erfolgsrezept

Wenn du dir zum ersten Mal Hühner anschaffst, nimm am besten drei bis vier Monate alte Junghühner. Sie leben sich schnell ein und legen bald Eier.

Enten und Gänse

Hühner zu halten ist einfach. Enten und Gänse brauchen mehr Aufmerksamkeit und einen größeren Auslauf. Laufenten sind von allen Entenarten am einfachsten zu halten. Im Gegensatz zu Hühnern verursachen sie beim Aufenthalt im Freien weniger Schäden, außerdem sind sie eifrige Nacktschneckenjäger.

→ Bienen

Warum solltest du Bienen halten?

Bienen sichern dir allein 85 % der Bestäubung in deinem Garten. Außer dieser wichtigen ökologischen Aufgabe liefern sie Honig und zudem Gelée royale, Pollen und Propolis. Dass sie auf Umweltverschmutzung durch chemische Mittel so empfindlich reagieren, macht sie zu einem „ökologischen Thermometer“ ersten Ranges. Wo es Bienen gut geht, ist die Umwelt gesund, wenn sie leiden, sollte man sich Sorgen machen.

Bienenstöcke aufstellen

Suche dir für deine Bienenstöcke ein freies, aber windgeschütztes Eck im Garten. Lege zwei Bretter so auf zwei Böcke, dass diese keinen Bodenkontakt haben. Neige sie leicht nach vorn. Damit erreichst du, dass Wasser oder Kondenswasser abfließen kann. Richte deinen Stock nicht genau nach Süden oder genau nach Norden aus, die Bienen finden dann besser wieder in den Stock zurück. Bienenstöcke brauchen wenig Platz – 1 m^2 pro Stock reicht aus. Fang aber mit mindesten zwei Stöcken an.

Erfolgsrezept

Bevor du loslegst, solltest du dir in einem Kurs theoretisches und praktisches Wissen aneignen.

Blumen für Bienen

Im Frühjahr mangelt es den Bienen normalerweise nicht an Blumen. Im Spätsommer und Herbst jedoch fehlen oft Blütenpflanzen. Du kannst für diese Zeit nektar- und pollenhaltige Blumenmischungen säen: Schmuckkörbchen, Resede, Tausendgüldenkraut, Mädchenauge, Lupine, Goldrute, Nachtkerze und Fingerhut.

Bienenzucht erfordert ein gewisses Know-how und die passende Ausrüstung: Bienenbeuten, Mittelwände, Schutzkleidung (Imkerhut mit Schleier, Imkerhandschuhe), Werkzeug (Stockmeisel, Bienenbesen), Smoker, Honigschleuder.

→ Einen Teich anlegen

Warum brauchst du einen Teich?

An einem kleinen stehenden Gewässer entsteht ein einzigartiges Biotop mit einer ganz besonderen Fauna und Flora. Kleine Fische, Amphibien, unterschiedliche Wasserinsekten – sie alle leisten überall in deinem Garten einen Beitrag zum ökologischen Gleichgewicht.

So legst du einen Teich an

Wenn dein Boden von Natur aus durchlässig ist, verwende eine PVC-Teichfolie. Forme das spätere Becken mit einer Schnur und grabe es so tief aus, wie du möchtest. Gib eine 5 cm dicke Lage Sand darauf und bedecke diese mit einem Teichvlies, bevor du die Teichfolie sorgfältig auslegst. Achte darauf, dass diese in der Mitte liegt. Fülle Wasser ein, damit sie sich gut den Konturen des Teichbeckens anpasst. Warte ab, bis die Plane unter dem Gewicht des Wassers wirklich gut liegt. Schneide sie vollends zurecht und gib einen ca. 45 cm Rand zu, den du anschließend mit Erde abdeckst.

Egal, ob einfaches Wasserbecken oder großer natürlicher Teich – ein Gewässer sorgt für mehr biologische Vielfalt im Garten. Ein kleines Becken ist in erster Linie dekorativ, ein großer Teich kann Wasserspeicher und sogar Tummelplatz für deine Enten sein.

Ein natürlicher Teich

Wenn dein Boden von Natur aus eher lehmig ist, kannst du am tiefsten Punkt deines Geländes ein größeres Loch graben. Es wird sich von selbst – entweder direkt oder über ein Netz von Abflussgräben – mit Regenwasser füllen.

Erfolgsrezept

Lege deinen Teich an der tiefsten Stelle deines Gartens an.

5 SÄEN UND PFLANZEN

Dass meiste Gemüse und ein Großteil der Kräuter sowie Blumen lassen sich durch Aussaat vermehren - direkt ins Beet oder in Anzuchtschalen. Im letzten Fall pflanzt du dann erst die Sämlinge in den Garten oder topfst sie noch einmal um, bevor sie endgültig eingepflanzt werden.

→ Aussaat

Erfolgsrezept

Wie gut die Ernte ausfällt, hängt zum großen Teil davon ab, wie genau du dich an die Aussaattermine hältst und wie genau und regelmäßig gemulcht wird.

Aussaat direkt in den Boden

Manche Gemüse, Kräuter oder einjährige Blumen mit kurzem Lebenszyklus vertragen es schlecht, wenn man sie umpflanzt. Das gilt für die meisten Wurzelgemüse und Hülsenfrüchte wie Erbsen, Bohnen und Dicke Bohnen.

Voranzucht

Unter Glas erfolgt die Voranzucht der Pflanzen – auf der Fensterbank, in einem Gewächshaus bzw. Folientunnel oder im Frühbeet. Vier bis zehn Wochen nach der Aussaat können die Jungpflanzen in den Garten gesetzt werden.

Vegetative Vermehrung

Minzen vermehrst du über Wurzelteilung. So macht man es auch bei Schnittlauch und Liebstöckel. Verschiedene strauchartige Gewürzpflanzen – Ysop, Thymian, Salbei, Rosmarin oder Zitronenverbene – vermehrt man über Stecklinge, Meerrettich und Estragon dagegen über Seitenwurzeln, da diese keine Samen haben.

Das hat geklappt: ....

....

....

Das hat nicht geklappt: ....

....

....

Meine Beobachtungen: ....

....

....

....

....

Aussaatkalender

AUSSAAT-ZEITPUNKT	AUSSAAT DIREKT INS BEET	VORANZUCHT
Ende Februar und März	Gemüse: Bohnen, Erbsen, Frühlingsrettich, Garten-Melde, Karotten (Früh- und Sommer-Karotten), Pastinake, Spinat	Gemüse: Artischocke, Aubergine, Brokkoli, Kohlrabi, Mangold, Paprika, Rucola, Sellerie (Knollen- und Stangensellerie), Salat, Sauerampfer, Tomate Kräuter und Gewürze: Chili, Majoran, Petersilie, Sommer-Bohnenkraut Einjährige Blütenpflanzen: Borretsch
April	Gemüse: Erbsen, Mangold, Radieschen, Rucola, Schwarzwurzel, Zuckermais Kräuter und Gewürze: Brunnenkresse, Dill, Kerbel, Koriander, Majoran, Petersilie Einjährige Blütenpflanzen: Borretsch, Steinkraut, Kapuzinerkresse, Prunkwinde, Ringelblume, Schmuckkörbchen, Sonnenhut, Studentenblume und alle einjährigen Pflanzen, die nur kurz blühen	Gemüse: Brokkoli, Endivien, Gurke, Kohlrabi, Kopfsalat, Kürbis, Lauch, Rote Bete, Rotkohl, Zucchini, Zuckermais Kräuter und Gewürze: Basilikum, Dill, Kerbel, Koriander, Petersilie Einjährige Blütenpflanzen: Borretsch, Fleißiges Lieschen, Steinkraut, Kapuzinerkresse, Prunkwinde, Ringelblume, Schmuckkörbchen, Sonnenhut, Studentenblume und alle einjährigen Pflanzen, die nur kurz blühen
Mai und Juni	Gemüse: Bohnen (Busch- und Stangenbohnen), Chicorée, Karotte (späte Sorten), Löwenzahn, Rote Bete, Schwarzwurzel, Sommerportulak, Sommerrettich Kräuter und Gewürze: Basilikum, Dill, Gartenkresse, Kerbel, Koriander, Petersilie Einjährige Blütenpflanzen: Borretsch, Ringelblume	Gemüse: Brokkoli, Chicorée, Endivien, Grünkohl, Knollenfenchel, Kohlrabi, Kopfsalat, Lauch, Löwenzahn, Rosenkohl, Rotkohl, Sommerportulak, Wirsing Kräuter und Gewürze: Basilikum, Dill, Koriander, Petersilie Einjährige Blütenpflanzen: Borretsch, Ringelblume
Juli	Gemüse: Buschbohne, Sommerportulak, Speiserübe/Stielmus, Steckrübe Kräuter und Gewürze: Dill, Koriander Einjährige Blütenpflanzen: Borretsch, Ringelblume, Schafgarbe, Steinkraut	Gemüse: Endivien, Knollenfenchel, Kohlrabi, Steckrübe, Winter-Kopfsalat Kräuter und Gewürze: Berg-Bohnenkraut, Dill, Schnittlauch, Liebstöckel, Rosmarin, Thymian, Ysop, Zitronenmelisse Einjährige Blütenpflanzen: Beinwell, Sonnenhut und alle mehrjährigen Pflanzen, die sich durch Aussaat vermehren lassen
August und September	Gemüse: Feldsalat, Herbstrübe, Rübstiel, Rucola, Spinat, Winterportulak Kräuter und Gewürze: Brunnenkresse, Kerbel, Petersilie	Gemüse: Chinakohl, Radicchio, Rucola, Sauerampfer, Spinat, Winter-Kopfsalat, Winterportulak Kräuter und Gewürze: Fenchel, Kerbel, Petersilie
Oktober	Gemüse: Gartenmelde, Feldsalat	Gemüse: Winter-Kopfsalat

Die Pflanzung

Die meisten Bäume und Sträucher werden vorzugsweise im Herbst gepflanzt – das ist bei Weitem die optimale Pflanzzeit dafür. Bei Gemüse, Kräutern und Blumen ist die beste Zeit davon abhängig, wie winterhart die verschiedenen Arten sind.

Ziehe deine jungen Gemüsepflanzen und Kräuter sowie Blumen in kleinen Töpfen oder Schalen an, die du in einer Gärtnerei kaufen kannst, oder noch besser, ziehe sie zu Hause selbst aus Samen oder Stecklingen.

Pflanzen selbst großziehen

Gartenmärkte und Gärtnereien haben im Frühjahr ein großes Angebot an Jungpflanzen und Samen. Um sie zu Hause anzuziehen, brauchst du in den meisten Fällen keine aufwendige Ausstattung – ein einfacher kühler Raum reicht aus.

Erfolgsrezept

Wenn du zur richtigen Zeit pflanzt, wachsen die Pflanzen schnell an, und der Ertrag ist höher.

So verteile ich meine Pflanzen

ART	DATUM	BEET

Meine Anmerkungen: ....

....

....

Zeitplan für das Setzen der Pflanzen

ZEITSPANNE FÜR DAS PFLANZEN	PFLANZEN
Ende Februar/März	Gemüse: Artischocke, Frühlings-Kopfsalat, Knollenziest, Topinambur, Zwiebeln Kräuter und Gewürze: Knoblauch, Liebstöckel, Schalotten, Schnittlauch
April	Gemüse: Artischocke, Kartoffeln (frühe Sorten), Knollenziest, Kohlrabi, Kopfsalat, Mangold, Rotkohl, Rucola, Sauerampfer, Spargel, Spinat, Topinambur, Weißkohl Kräuter und Gewürze: Bohnenkraut (ein- und mehrjährig), Dill, Estragon, Honigmelonen-Salbei, Kerbel, Knoblauch, Koriander, Lavendel, Majoran, Meerrettich, Minze, Liebstöckel, Lorbeer, Oregano, Petersilie, Rosmarin, Salbei, Schalotten, Schnittlauch, Thymian, Ysop, Zitronengras, Zitronenmelisse, Zitronenverbene Blütenpflanzen: Beinwell, mehrjähriger Sonnenhut sowie alle mehrjährigen Blumen
Mai	Gemüse: Blumenkohl, Brokkoli, Endivien, Gurke, Kartoffel, Kohlrabi, Kopfsalat, Kürbis, Lauch, Mangold, Paprika, Physalis, Radicchio, Rosenkohl, Rotkohl, Sellerie (Knollen- und Stangen-Sellerie), Süßkartoffel, Tomate, Weißkohl, Zucchini, Zuckermais Kräuter und Gewürze: Basilikum, Chili, Dill, Estragon, Kerbel, Koriander, Zitronengras, Zitronenverbene Blütenpflanzen: Beinwell, Borretsch, Fleißiges Lieschen, Gewürzfenchel, Kapuzinerkresse, Ringelblume, Schafgarbe, Schmuckkörbchen, Sommerazalee (Godetie), Sonnenhut, Steinkraut, Studentenblume und alle einjährigen Pflanzen mit kurzer Blütezeit
Juni	Gemüse: Blumenkohl, Brokkoli, Chicorée, Endivien, Grünkohl, Gurke, Kartoffel, Knollenfenchel, Kohlrabi, Kopfsalat, Kürbis, Lauch, Löwenzahn, Mangold, Radicchio, Rosenkohl, Sellerie (Knollen- und Stangen-Sellerie), Sommerportulak, Weißkohl Kräuter und Gewürze: Basilikum, Dill, Koriander, Petersilie Blütenpflanzen: Borretsch, Ringelblume
Juli	Gemüse: Brokkoli, Chicorée, Endivien, Lauch, Löwenzahn, Knollenfenchel, Kohlrabi, Kopfsalat (Herbst- und Winter-Sorten), Sommerportulak Kräuter und Gewürze: Dill, Koriander Blütenpflanzen: Borretsch, Ringelblume
August und September	Gemüse: Chinakohl, Kopfsalat (Herbst- und Wintersorten), Radicchio, Rucola, Sauerampfer, Spinat, Steckrübe, Winterportulak Kräuter und Gewürze: Berg-Bohnenkraut, Knoblauch, Kerbel, Liebstöckel, Oregano, Petersilie, Schalotte, Schnittlauch, Ysop, Zitronenmelisse Blütenpflanzen: Beinwell, Fenchel, Schafgarbe, Sonnenhut und alle robusten mehrjährigen Blumen
Oktober	Gemüse: Winter-Kopfsalat Kräuter und Gewürze: Knoblauch

6 SO PFLEGST DU DIE PFLANZEN RICHTIG

Bei der Permakultur geht es in erster Linie darum, zwischen Aussaat oder Pflanzung und Ernte so wenig wie möglich einzugreifen. Dennoch ist es grundsätzlich nützlich, die Pflanzen zu mulchen, zu gießen oder anzubinden – das lässt sich oftmals nicht vermeiden.

Erfolgsrezept

Greife zum richtigen Zeitpunkt in das Geschehen ein – so sparst du Zeit und erzielst ein besseres Ergebnis.

→ Mulchen

Beim Mulchen deckst du deinen Boden mit organischen Materialien ab. Das kann Stroh, Kompost, klein geschnittene Zweige oder kompostierter Mist sein. Am einfachsten mulchst du den Boden um deine Gemüse- und Kräuterpflanzen im Juni – also nach der Aussaat oder Pflanzung Ende Mai – und die Obstgehölze im Oktober, November oder März. Die Mengen an organischem Mulchmaterial, die du dabei verteilst, sind unterschiedlich: zwischen 20 l pro m² (ca. 2 cm dick) bis zu 100 oder sogar 150 l pro m² (ca. 10 bis 15 cm dick). Die Mulchschicht sollte umso dicker sein, je größer die Pflanze und je leichter und luftiger der Mulch ist.

Mulch und Schnecken

Wenn du möchtest, dass Nacktschnecken nicht überhandnehmen, sorge dafür, dass nicht mit zu wenig zersetztem oder nassem organischem Material wie geschnittenem Gras gemulcht wird – nimm lieber Stroh. Darauf können sich die Schnecken schlechter bewegen und ihre natürlichen Feinde – vor allem Laufkäfer und Kurzflügler – haben es leichter.

Stützen und Anbinden

Stützen und Anbinden verhindern, dass die Pflanzen unter der Last der Früchte umknicken, und dass sie, wenn sie in Höhe wachsen, dichter nebeneinander hochgezogen werden können. Bei Stangenbohnen und Tomaten ist das unbedingt notwendig. Für die Bohnen nimmst du Stangen von 2 bis 2,50 m Höhe, für die Tomaten 1,80 m hohe Stöcke aus Holz oder Metall (Tomaten, die man in Gewächshäusern zieht, wachsen an Drähten, die an den Verstrebungen befestigt und am Fuß der Pflanzen verknotet werden). Für Gurken und kleine Kürbisse baust du ein Tipi aus drei Stöcken oder befestigst die Pflanzen an Spalieren oder Gittern.

Pflanzen bilden Gemeinschaften: So ranken sich Stangenbohnen an Maispflanzen und Gurken an Sonnenblumen hoch. Die einen unterstützen auf natürliche Weise die anderen. Ähnlich nützen Wicken, wenn du sie zusammen mit Roggen aussäst, dem Getreide als Stütze.

Gießen

Wenn der Boden um deine Pflanzen gut mit einer organischen Schicht abgedeckt ist, musst du nur sehr wenig gießen, bei den am wenigsten wasserbedürftigen Arten oft gar nicht. Du gießt entweder direkt am Fuß der Pflanzen oder entfernst den Mulch und legst ihn nach dem Gießen wieder an seinen Platz.

Nach der Pflanzung

Im Anschluss an Aussaat oder Pflanzung solltest du immer gießen. Das Wasser schließt die Luftlöcher und führt dazu, dass Boden und Samen oder Wurzelballen gut aneinanderhaften.

Während des Wachstums

Greife nur ein, wenn es wirklich notwendig ist. Der Wasserbedarf der Pflanzen wird häufig überschätzt. Gieße lieber einmal reichlich und lege dann eine längere Pause ein: Es ist besser, einmal pro Woche kräftig zu gießen als jeden Tag ein bisschen.

Bewässere auch entsprechend der Jahreszeit: im Frühjahr und Herbst morgens und im Sommer abends – das verbessert die Wirkung des Wassers. Gieße in erster Linie die jungen Pflanzen, die du gesät hast und die neuen Setzlinge, denn im Laufe ihres Wachstums werden deine Gemüse und Gewürzpflanzen immer unabhängiger.

Und was ist mit den Kübelpflanzen?

Pflanzen im Topf musst du sorgfältiger bewässern als im Beet. Die Erde darf nicht austrocknen, denn wenn das einmal passiert ist, kann man sie nur schwer wieder gut anfeuchten. Am besten tauchst du den Topf dann in einen mit Wasser gefüllten Eimer oder in ein Becken.

7 DIE ERNTE

Du kannst Blätter, junge Triebe, Früchte, Wurzeln oder Blütenstände ernten, und zwar sowohl von noch nicht ganz reifen als auch von vollständig ausgereiften Pflanzenteilen – das ganze Jahr über von Januar und Dezember. Sammle das Saatgut, das wieder ausgesät werden soll, wenn es vollständig ausgereift ist.

→ Erntezeit

Erfolgsrezept

Jedes Gemüse hat seine Erntezeit. Richte dich danach.

Die Erntezeit dauert für manche Arten nur ein paar Wochen, wie Rettich, Kopfsalat, Kohlrabi, Blumenkohl, Bohnen etc., dagegen für andere mehrere Monate, wie Tomaten, Winterkohl, Pastinaken etc. – auch wenn sie zur gleichen Zeit angepflanzt wurden.

Die meisten Gemüse bereitet man am besten gleich nach der Ernte in der Küche zu. Sie halten aber im Kühlschrank normalerweise noch einige Tage. Obst und Wurzelgemüse, das du im Herbst erntest, kann den ganzen Winter über frostgeschützt gelagert werden.

Meine Ernten

ART	JAHR	SCHLECHT	MITTELMÄSSIG	GUT
		☐	☐	☐
		☐	☐	☐
		☐	☐	☐
		☐	☐	☐
		☐	☐	☐
		☐	☐	☐
		☐	☐	☐
		☐	☐	☐
		☐	☐	☐
		☐	☐	☐
		☐	☐	☐
		☐	☐	☐
		☐	☐	☐
		☐	☐	☐
		☐	☐	☐
		☐	☐	☐

Ernte-Kalender

ERNTE-ZEITPUNKT	GEMÜSE	KRÄUTER UND GEWÜRZE	OBST
März und April	Endivien, Feldsalat, Garten-Melde, Grünkohl, Knollenziest, Kopfsalat (Winter- und Frühlingssorten), Lauch, Mangold, Pastinake, Radicchio, Radieschen (frühe Sorten), Rosenkohl, Rucola, Sauerampfer, Schwarzwurzel, Spargel, Spinat, Steckrübe, Topinambur, Winterportulak, Wirsing	Bohnenkraut, Gartenkresse, Kerbel, Lavendel, Liebstöckel, Lorbeer, Meerrettich, Petersilie, Rosmarin, Salbei, Schnittlauch, Thymian, Ysop	
Mai und Juni	Artischocke, Bohnen, Erbse, Gartenmelde, Gurke, Karotte (frühe Sorten), Kartoffel (frühe Sorten), Kohlrabi, Kopfsalat (Frühlingssorten), Löwenzahn, Mangold, Rettich (frühe Sorten), Spargel, Zuckererbse	Basilikum, Bohnenkraut, Dill, Estragon, Honigmelonen-Salbei, Kerbel, Koriander, Lavendel, Liebstöckel, Lorbeer, Majoran, Minze, Oregano, Petersilie, Rosmarin, Salbei, Schnittlauch, Thymian, Ysop, Zitronenmelisse	Erdbeere (mehrmals tragende Sorten), Felsenbirne, Maibeere, Pfirsich, Rote und Schwarze Johannisbeere, Sauerkirsche, Stachelbeere, Süßkirsche
Juli	Aubergine, Bohnen (Busch- und Stangenbohnen), Brokkoli, Chicorée, Endivien, Gurke, Karotte, Kartoffel, Knollenfenchel, Kohlrabi, Kopfsalat (Sommersorten), Kürbis, Mangold, Paprika, Rettich (Sommersorten), Rote Bete, Sommerportulak, Tomate, Zwiebel	Basilikum, Bohnenkraut, Dill, Estragon, Honigmelonen-Salbei, Knoblauch, Koriander, Lavendel, Liebstöckel, Lorbeer, Majoran, Minze, Oregano, Petersilie, Rosmarin, Salbei, Schalotte, Schnittlauch, Thymian, Ysop, Zitronenmelisse, Zitronenverbene	Apfel, Aprikose, Birne, Brombeere, Feige, Kirsche, Himbeere (zweimal tragende Sorten), Pfirsich
August und September	Artischocke, Aubergine, Bohnen (Busch- und Stangenbohnen), Brokkoli, Gurke, Karotte, Kartoffel (Lagersorten), Knollenfenchel, Kohlrabi, Kopfsalat (Sommersorten), Kürbis, Mangold, Paprika, Rettich (Sommersorten), Rote Bete, Rucola, Sommerportulak, Stangen-Sellerie, Tomate, Zuckermais	Basilikum, Bohnenkraut, Chili, Dill, Estragon, Honigmelonen-Salbei, Koriander, Lavendel, Liebstöckel, Lorbeer, Majoran, Meerrettich, Minze, Oregano, Petersilie, Rosmarin, Salbei, Schnittlauch, Thymian, Ysop, Zitronengras, Zitronenverbene	Aprikose, Birne, Cranberry, Erdbeere (mehrmals tragende Sorten), Feige, Heidelbeere, Himbeere, Kirsche, Mini-Kiwi, Pfirsich, Pflaume, Physalis, Preiselbeere, Weintraube

ERNTE-ZEITPUNKT	GEMÜSE	KRÄUTER UND GEWÜRZE	OBST
Oktober und November	Blumenkohl, Bohnen (Dicke Bohnen, Busch- und Stangenbohnen), Brokkoli, Chicorée, Chinakohl, Endivien, Feldsalat, Grünkohl, Karotte (Lagersorten), Kohlrabi, Kopfsalat (Herbstsorten), Kürbis, Lauch, Mangold, Pastinake, Radicchio, Rosenkohl, Rotkohl, Rüben (Mairüben, Steckrüben), Rucola, Sauerampfer, Schwarzwurzel, Sellerie (Knollen- und Stangen-Sellerie), Spinat, Süßkartoffel, Weißkohl, Wirsing	Gartenkresse, Kerbel, Koriander, Lavendel, Lorbeer, Meerrettich, Petersilie, Rosmarin, Salbei, Schnittlauch, Thymian, Zitronengras	Apfel, Birne, Esskastanie, Haselnuss, Kaki, Kiwi, Mirabelle, Nashi, Physalis, Walnuss, Weintraube
Dezember bis Februar	Chicorée, Feldsalat, Grünkohl, Knollenziest, Lauch, Mangold, Pastinake, Radicchio, Rosenkohl, Rucola, Schwarzwurzel, Spinat, Steckrübe, Topinambur, Winterportulak, Wirsing	Kerbel, Lorbeer, Meerrettich, Petersilie, Rosmarin, Salbei, Thymian	

• TOP 10 •
Meine Lieblingsarten

Gemüse	Kräuter und Gewürze	Obst
1 :	1 :	1 : ....
2 :	2 :	2 : ....
3 :	3 :	3 : ....
4 :	4 :	4 : ....
5 :	5 :	5 : ....
6 :	6 :	6 : ....
7 :	7 :	7 : ....
8 :	8 :	8 : ....
9 :	9 :	9 : ....
10 :	10 :	10 : ....

Meine Anmerkungen ....

....

→ Saatgut selbst ernten

Saatgut produzierende Pflanzen

Wenn du deine Mutterpflanzen gut überwachen und dein Saatgut einfach gewinnen möchtest, empfiehlt es sich, die Pflanzen für die normale Ernte und diejenigen, die das Saatgut liefern sollen, voneinander zu trennen.

Erfolgsrezept

Sammle ausschließlich reife Samen von kräftigen und gesunden Pflanzen.

GEMÜSE	Schwierigkeitsgrad
Artischocke	mittel
Aubergine	mittel
Bohnen	leicht
Chicorée	mittel
Endivien	mittel
Erbsen	leicht
Feldsalat	leicht
Gartenmelde	leicht
Gurke	schwierig
Karotte	schwierig
Knollenfenchel	leicht
Kohlarten	schwierig
Kopfsalat	leicht
Kürbis	schwierig
Lauch	mittel
Mairübe	mittel
Mangold	leicht
Paprika	leicht
Pastinake	leicht
Rettich	mittel
Rote Bete	mittel
Rucola	leicht
Sauerampfer	leicht
Schwarzwurzel	leicht
Sellerie (Knollen- und Stangen-Sellerie)	schwierig
Sommerportulak	leicht
Spargel	schwierig
Spinat	leicht
Steckrübe	leicht
Tomate	mittel
Zucchini	schwierig
Zuckermais	leicht

KRÄUTER UND GEWÜRZE	Schwierigkeitsgrad
Basilikum	mittel
Bohnenkraut	leicht
Chili	leicht
Dill	leicht
Gartenkresse	leicht
Kerbel	leicht
Koriander	leicht
Liebstöckel	mittel
Lorbeer	mittel
Majoran	mittel
Oregano	mittel
Petersilie	leicht
Rosmarin	mittel
Salbei	mittel
Schnittlauch	leicht
Thymian	mittel
Ysop	leicht
Zitronenmelisse	mittel

SCHWIERIGKEITSGRAD:
- • leicht
- • mittel
- • schwierig

Meine Anmerkungen: ....

Wer im Garten eigenes Gemüse anbaut – was an sich schon ein deutliches Zeichen für das Bestreben nach Unabhängigkeit ist – wird über kurz oder lang auch eigenes Saatgut gewinnen wollen. In der Natur sind Vorkommen und Verbreiten der Samen für das Überleben der Arten unverzichtbar.

Alles geht ganz von allein: Im Frühjahr keimen die Samen, später blüht alles, und aus den Blüten entwickeln sich Früchte, die wiederum Samen enthalten. Sie fallen auf die Erde und keimen im nächsten Frühjahr.

Bei den Kulturpflanzen ist der Ablauf an sich der gleiche wie bei den Wildpflanzen. Es besteht allerdings das Risiko, dass die nächsten Generationen die angezüchteten Sorteneigenschaften der Eltern nicht mehr aufweisen. Nicht von jeder Kulturpflanze lassen sich die Samen gleich gut gewinnen.

8 DER GARTEN IM WINTER

Im Winter bist du als Gärtner weniger eingespannt als im Frühjahr. Das bedeutet aber keinesfalls, dass der Winter eine tote Jahreszeit ist, besonders was die Ernte angeht. Ungefähr zehn Gemüsearten trotzen selbst starker Kälte, andere dagegen sollten vor Frost geschützt werden.

→ Meine Pflanzen im Winter

Erfolgsrezept

Wähle Sorten, die an den Winter und die Temperaturen in deiner Gegend angepasst sind.

Ernten im Winter

Spinat, Feldsalat, Lauch, Topinambur, Pastinaken und alle Winterkohlsorten, wie Grünkohl oder Rosenkohl, können den ganzen Winter über ohne besonderen Schutz im Garten bleiben. Sollte es einmal richtig kalt werden, freuen sich folgende Arten über Winterschutz, z. B. eine Folienabdeckung oder eine Schicht trockenen Strohs: Kopfsalat, Radicchio, Friséesalat, Chinakohl, Schwarzwurzel, Winterportulak, Rucola oder Karotten.

Gemüse leichter aus dem gefrorenen Boden ziehen

Ist der Boden erst einmal gefroren, wird es schwieriger, Wurzelgemüse, z. B. Karotten, Steckrüben oder Knollenziest, aus dem Boden herauszuziehen. Mach dir die Ernte leichter, schneide alle oberirdischen Teile der Pflanzen ab und bedecke sie mit einer dicken Strohschicht. Diese entfernt man bevor das Gemüse mit der Grabegabel herausgeholt wird.

Gemüse im Keller

Zu Beginn des Sommers säst du Chicorée, Blatt-Zichorie und Löwenzahn in den Garten. Im Herbst werden die Pflanzen ausgegraben und über den Winter zum Treiben in den Keller gestellt. Bei entsprechender Staffelung des Antreibens kann von November bis Mitte Mai geerntet werden.

Kleines Gewächshaus oder ein Frühbeet

Wofür brauchst du einen Schutz?

Ein Frühbeet oder ein kleines Gewächshaus erfüllt viele Aufgaben – du kannst beide das ganze Jahr über nutzen. Im Frühling vermehrt man dort die Jungpflanzen und man kann junges Frühjahrsgemüse ziehen. Im Sommer beschleunigt sich darin der Reifeprozess von Pflanzen, die viel Wärme benötigen, z. B. Paprika. Im Herbst geht dort das Anpflanzen der Nachsaison-Gemüsesorten weiter, die kälteresistens, aber dennoch nicht durchweg winterhart sind. Im Winter schließlich beherbergt es die Gemüsesorten und Jungpflanzen, die weder Kälte noch Feuchtigkeit vertragen.

Frühbeet mit Abdeckung selbst bauen

Schneide Holzbretter zu. Achte dabei darauf, dass der endgültige Kasten vorne 20 cm und hinten 30 cm hoch sein sollte, sodass du das Frühbeet nach Süden ausrichten kannst, um die Sonneneinstrahlung zu verbessern. Hierbei kann für die Abdeckung ein alter Fensterrahmen samt Fenster oder eine Platte aus Polycarbonat oder wiederverwertetem Acryl verwendet werden.

Gewächshaus selbst bauen

Am besten lässt sich ein Rahmen aus Holz bauen. Nimm Holz, das nicht so schnell von Pilzen und Insekten befallen wird, Kiefer, Lärche, Douglasie und vor allem Robinie oder Eiche. Die Platten aus Polycarbonat schraubt man direkt auf den Holzrahmen (Glas lässt sich schlecht schneiden und ganz schwierig auf einem Holzrahmen befestigen). Leichter dagegen sind langlebige Polyethylen- oder UV-behandelte PVC-Folien anzubringen, diese halten jedoch selten länger als fünf Jahre.

Gut zu wissen: Ein Frühbeet oder Gewächshaus und ein naturnaher Garten passen sehr gut zusammen. Wer die Grundlagen der Permakultur wie Unabhängigkeit und Wirtschaftlichkeit damit verbinden möchte, sollte für den Standort einen geschützten, sonnigen Platz wählen.

Erfolgsrezept

Suche dir einen geschützten Platz, der gut zu dem passt, was du machen möchtest.

Gärtnern im Freien oder geschützt?

Du musst dich nicht zwischen Beeten im Freien und einem Gewächshaus entscheiden – mach einfach beides. Diese Vorgehensweisen ergänzen sich perfekt.

Das nicht winterharte Wurzelgemüse, das gegen Ende des Herbstes vor dem ersten Frost geerntet wird, kannst du im Keller aufbewahren. Es besteht auch die Möglichkeit, dieses einfach frostgeschützt und trocken in einer Erdmiete unter Stroh zwischenzulagern.

→ Gemüse lagern

Erfolgsrezept

Bewahre nur vollkommen gesundes und gut aussehendes Gemüse auf.

Gemüse, das nicht winterhart ist, wie Kartoffeln, Rote Bete, Rüben, Winterrettich und Kohlrabi, kannst du entweder im Keller oder in einer Erdmiete aufbewahren. Knoblauch, Zwiebeln, Schalotten und getrocknete Bohnen halten sich trocken gelagert bis zur neuen Ernte im kommenden Jahr, Winterkürbisse bis zu ebenfalls vier bis fünf Monaten, manchmal sogar länger – die unempfindlichsten bis zu einem Jahr.

Im Keller lagern

Wurzelgemüse und reifes Fruchtgemüse werden so spät wie möglich, in der Regel gegen Ende Oktober, geerntet – Fruchtgemüse samt Stängelansatz. Wurzelgemüse schneidet man in der Höhe des Kragens ab. Vorsichtig damit umgehen – das Erntegut nicht drücken und darauf achten, dass es sich nicht gegenseitig berührt.

Eine Erdmiete selbst bauen

Hebe in einer trockenen und geschützten Ecke deines Gartens ein Loch aus, das vom Umfang her zur Menge der Wurzeln, die darin gelagert werden sollen, passt. Verteile in der Vertiefung Stroh und lege die Wurzeln und Knollen darauf. Hierauf wird eine weitere Schicht Stroh gepackt. Auf diese kommt ein Gitter, damit die Wurzeln sicher vor Nagern sind – den Abschluss bildet ein Blech oder eine Kunststofffolie. So ist dein Gemüse vor Feuchtigkeit geschützt.

Immer gut beobachten

Kontrolliere regelmäßig das Gemüse und Obst im Keller oder in der Erdmiete und entferne das schlecht gewordene Erntegut. Zwei oder drei Mal solltest du die Triebe der im Keller gelagerten Kartoffeln entfernen. So halten diese länger.

→ Vorbereitungen für das kommende Jahr

Wenn der Herbst zu Ende geht, richtet der Gärtner seinen Blick schon auf das kommende Jahr. Die Strategie ist ganz einfach: Beibehalten, was im laufenden Jahr geklappt hat, weglassen, was sich als enttäuschend herausgestellt hat, und weiterführen, womit man zufrieden ist.

Bis der Winter kommt …

Entferne die Überreste der abgeernteten Pflanzen und belüfte deinen Boden, wenn er dir zu kompakt vorkommt, kurz mit der Grabegabel, bevor all das organische Material darauf verteilt wird: letztes Mähgut, trockene Herbstblätter, den über das Jahr angesetzten Kompost etc. Die Schicht sollte nicht dicker als 10 cm sein. Sie entwickelt sich den ganzen Winter über weiter, das erleichtert dir im nächsten Frühjahr die Aussaat und das Anpflanzen.

Bilanz ziehen!

Ziehe sorgfältig eine Bilanz des vergangenen Jahres, so triffst du für das kommende Jahr die richtigen Entscheidungen. Wirf einen kritischen Blick auf deine Gemüse- und Kräuterarten sowie die Anbaumethoden und vergleiche alles mit den tatsächlichen Ergebnissen. Schreibe auf, was gut gelaufen ist und schau genau auf das, was nicht funktioniert hat. Ziel ist es, das weiterzuführen, womit du zufrieden bist und zu ändern, was nicht deinen Vorstellungen entspricht.

Neue Beschlüsse

Am Ende des Jahres solltest du deinen Pflanzplan überdenken und die Aussaat- und Pflanztermine anpassen. Such dir neue Sorten für die, die sich nicht wie erwartet entwickelt haben. Wenn du möchtest, kannst du deine Auswahl um nicht so gängige Arten erweitern wie Physalis, Tomatillo, Knollige Kapuzinerkresse, Neuseeländer Spinat und noch viele weitere. Ändere gegebenenfalls die Art und Weise des Gießens, mische zum Abdecken organische Materialien, die eher zur Erde in deinem Garten passen, und optimiere die Zeiträume, zu denen du die Materialien auslegst.

Erfolgsrezept

Knausere nicht beim Ausbringen der Mulchdecke und beharre nicht darauf, im kommenden Jahr wieder die Pflanzen anzubauen, die nicht funktioniert haben.

Mein Plan

Ich pflanze noch einmal an:

....

....

....

....

Ich behalte:

....

....

....

....

Ich lasse die Finger davon:

....

....

....

....

Ich probiere aus:

....

....

....

....

Meine Beobachtungen

Permakultur im Alltag:

So lernst du die richtige Einstellung!

Bei der Permakultur geht es nicht nur um Gärtnern und Landwirtschaft. Ihr Ansatz geht weit darüber hinaus und bezieht Fragen mit ein, die Umwelt und Gesellschaft betreffen: Wie kann ich im Rahmen meiner Möglichkeiten meinen CO_2-Fußabdruck verringern? Wen kann ich unterstützen und auf wen kann ich mich verlassen? Wem bin ich von Nutzen, wer könnte für mich nützlich sein, und in welchem Zusammenhang? Dies sind zentrale Fragen der Permakultur. Zudem wäre es kontraproduktiv, den Faktor Mensch dabei außen vor zu lassen. Er bleibt – im Garten so gut wie anderswo – der Motor, der entscheidend ist für alles, was man unternimmt.

1 SEI DIR DEINER GRENZEN BEWUSST

Zeit und Geld sind die wichtigsten „begrenzenden Faktoren“, wenn du einen Garten bewirtschaften möchtest. Zwar möchte Permakultur immer mit geringstem Einsatz das Bestmögliche erreichen, aber dennoch sollte klar sein, dass auch Zeit und Geld in hohem Maß den Umfang einer Ernte bestimmen.

→ Wie viel Zeit kannst du deinem Garten widmen?

Erfolgsrezept

Beginne lieber kleiner als zu groß, auch wenn das bedeuten kann, dass deine Beete von Jahr zu Jahr etwas vergrößert werden müssen.

Zehn Minuten pro 100 m² und Tag

Für einen Permakultur-Garten benötigst du dauerhaft zehn Minuten pro 100 m² und Tag, allerdings kann es während der Anpflanzungsphase auch mehr sein. Während der anstrengenden Arbeit der Gartenanlage am Anfang und den Versuchen, geeignete Arten zu finden, musst du oft die doppelte Zeit rechnen, vielleicht sogar mehr. Generell geht es weniger darum, dass du jeden Tag in deinem Garten verbringst, sondern dass du bei Bedarf vor Ort bist.

Der Lauf der Jahreszeiten

Grundsätzlich braucht dein Garten, insbesondere der Gemüsegarten, zwischen Dezember und Februar wenig Aufmerksamkeit, dafür jedoch im März und April umso mehr, vor allem, wenn du vorhast, Pflanzen selbst anzuziehen. Der Mai verlangt von allen Monaten die größte Aufmerksamkeit. Von Juni bis August ist für den Gärtner Sommer. Wenn das Mulchen gut läuft und sich Gießen und Unkrautjäten in Grenzen halten, lässt es sich in diesem Zeitraum gut leben. Im September gibt es noch einmal einen Höhepunkt, da die Herbstpflanzen in die Erde müssen. Zwischen Oktober und November gleitet der Garten ohne dein Zutun ganz einfach in den Winter.

Geduld zahlt sich aus

Das Anlegen und die Pflege eines Gartens brauchen Zeit. Es besteht kein Grund zur Eile, lass dir einfach Zeit und informiere dich. In diesem Fall ist das wie gewohnt der schnellste und billigste Weg, um die eigenen Ziele zu erreichen.

Dein Budget

Früher war es nicht wirklich teuer, einen Garten zu bepflanzen. Inzwischen werden allerdings zum Teil nutzlose, überflüssige Gerätschaften und viele suspekte Produkte angeboten, die das Gärtnern zu einer recht kostspieligen Unternehmung machen.

Startkapital

Zu Beginn solltest du dich auf die Grundausstattung beschränken, Grabe- oder Spatengabel und Gartenkralle, Kultivator oder Grubber, sowie auf Anzuchthilfen: Anzuchtkasten und Frühbeet, Gewächshaus oder Folientunnel. Die beste Anschaffung ist die, die über kurz oder lang Geld spart. Wenn die ersten Anschaffungen getätigt sind, minimieren sich die Kosten deutlich.

Kaufe nichts Unnötiges

Drei Viertel aller Produkte in Gartencentern sind nicht unbedingt notwendiger Schnickschnack. Um möglichst viel Geld zu sparen, halte dich an die Tipps erfahrener Hobbygärtner, welche Werkzeuge sinnvoll sind.

Am besten hilfst du dir selbst!

Mach das Beste draus. Du kannst von Jahr zu Jahr deine Gemüse- und Kräuterpflanzen (durch Aussaat, Teilung und Stecklinge) selbst vermehren. Auch das Veredeln von Obstbäumen, das sich Anfänger oft nicht trauen, ist eigentlich gar nicht so schwierig. Auf alle Fälle brauchst du für die Anlage eines Gartens kein großes Startkapital, stattdessen Können und Know-how. Eigne dir Gartenwissen an, dann sparst du viel Geld.

Kassensturz

Gärtnern heißt nicht unbedingt, unzählige Produkte aus den Gartencentern zu kaufen! Die Gesamtkosten für deine wichtigen Erstanschaffungen – Saatgut, Knollen, Pflanzzwiebeln sowie unbedingt notwendige Geräte – sollten mindestens 80 % deines jährlichen Gartenbudgets ausmachen.

Erfolgsrezept

Belaste dich nicht mit unnötigen Gartengeräten oder Werkzeugen und schaffe dir zusätzlich nur das Allernötigste an.

2 PERMAKULTUR IM HAUSHALT

Es ist ziemlich einfach, Garten- oder Küchenabfälle sowie alle Materialien pflanzlichen Ursprungs, Papier und Kartons (keine Zeitungen und Magazine), zu recyceln. Problematisch sind Plastikverpackungen und ganz allgemein alle Materialien, die sich nicht kompostieren lassen.

→ Der Weg zu „Null Abfall"

Erfolgsrezept

Stecke dir ein vernünftiges Ziel und gehe in Etappen vor.

Die Herausforderung für Anfänger

Sammle und recycle alle organischen Substanzen und kompostiere sie in Hügelbeeten oder verteile sie entsprechend. So bringst du alle deine pflanzlichen Abfälle wieder in den Kreislauf zurück. Hühner sind Allesfresser – sie fressen ungefähr das Gleiche wie wir. Mit ihrer Hilfe sind alle deine Essensreste recycelbar. In der Stadt gibt es keinen Platz für einen Garten oder einen Hühnerstall – da ist es nicht ganz so einfach. Wie wäre es stattdessen mit einer Wurmkiste?

Die Herausforderung für Fortgeschrittene

Kaufe besser Gefäße aus Glas – Saftflaschen, Joghurtgläser und alle in Glas angebotenen Lebensmittel – und schenke ihnen ein neues Leben. Damit hast du Gefäße, in denen du deine eigenen Säfte, Joghurts, Pürees und Marmeladen aufbewahren kannst. Verpackungen aus Karton sind ganz einfach zu recyceln – entweder du kompostierst oder entsorgst sie über den Restmüll. Kaufe lieber unverpackt angebotene Lebensmittel oder Gemüse auf dem Markt oder in einer Gärtnerei vor Ort.

Die Herausforderung für Profis

Vermeide Plastik! Verwende grundsätzlich wiederverwendbare Verpackungen und verlange, falls das nicht möglich ist, dass dein Einkauf nur in Papier eingewickelt wird. Was das Trinkwasser angeht, denke daran, dass – außer in Ausnahmefällen – auch Leitungswasser trinkbar ist.

Noch mehr recyceln

Was du jeden Tag verbrauchst - Lebensmittel, alltägliche Geräte und Kleidung - macht einen Großteil deines Abfalls aus. Falls noch nicht geschehen, solltest du zum einfacheren Sortieren einen Mülleimer mit drei Fächern verwenden.

→ Alte Gegenstände recyceln

Neues Leben

Viele Gegenstände haben das Potenzial für ein zweites Leben, manche sogar für ein drittes. Mit ein bisschen Fantasie verwandelt sich ein Gegenstand, der im Haus nur im Weg war, in ein nützliches Gartengerät. Und auch andersherum: Was im Garten nutzlos herumsteht, ist vielleicht an anderer Stelle praktisch. Sammle Schachteln, Kistchen und andere Behälter und verwende sie als Anzuchtkästen. Noppenfolie verdoppelt die Isolierschicht auf deinem Gewächshaus. Alte Töpfe dienen als Übertöpfe zum Schutz deiner Blumen. Zinnwannen, alte Koffer oder ein alter Grill – auch darin können Blumen gepflanzt werden. Solltest du dein Haus renovieren, sind alte Fensterläden z. B. als Abdeckung für Frühbeete weiterzuverwenden. Stelle deine Weinkisten zu Regalen zusammen oder nutze sie kurzfristig zum Aufbewahren. Aus drei unterschiedlich hohen Stapeln alter Reifen können Pflanzsäulen für deine Kartoffeln hergestellt werden. An einem alten nicht mehr benutzten Metallgitter ranken sich Winden oder Stangenbohnen, und ein alter Küchenlöffel verwandelt sich im Garten in ein Werkzeug zum Umpflanzen.

Erfolgsrezept

Unzählige Ideen kannst du von anderen übernehmen – schau dich um. Eine gute Idee, die du woanders einmal gesehen hast, kann sich bei dir als eine noch viel bessere darstellen.

Gut gemacht

Flohmärkte sind häufig wahre Goldgruben für Heimwerker und Bastler. Man findet dort so dies und das. Aber der Grundsatz „ich entledige mich der Dinge, die ich nicht mehr brauche, um Dingen, die überflüssig wurden, neues Leben einzuhauchen“ passt perfekt zu den Grundlagen der Permakultur.

Paletten aus Holz

Paletten für alles und jeden

Es gibt zwei Arten von Paletten: Einwegpalletten, diese sie sind leichter, und du kannst sie, da sie nur geklammert sind, einfach zerlegen, und Mehrwegpaletten – die sogenannten Europaletten, gekennzeichnet durch das Logo „EUR“. Diese sind jedoch nicht so einfach zu finden, da die Abnehmer sie häufig an ihre Lieferanten zurückgeben. Europaletten sind normalerweise aus Buchenholz. Man kann sie gut auseinandernehmen und zu allen möglichen Dingen wieder zusammenbauen: Schemel, Bänke, Sessel, Sofas und Gartentische, Liegen, eine Terrasse mit Pergola oder ohne, Pflanzentreppen, Mehrzweckbänke, Truhen, Möbel zum Ordnunghalten, Regale für Bücher und vieles mehr. Aus den einfachen Paletten kannst du Kompostbehälter, Wannen und Pflanzgefäße, einen Tisch zum Umtopfen, Kisten zum Aufbewahren verschiedener Dinge, einen Hühnerstall, ein Kinderhäuschen, einen Sandkasten, einen Zaun, einen Fahrradständer, eine Flaschenkiste, Bücherregale usw. bauen – es gibt viele Möglichkeiten. Tatsächlich setzen nur deine Fantasie und handwerklichen Fähigkeiten den Möglichkeiten, etwas aus Paletten zu bauen, Grenzen.

Auf Ideensuche …

Das Internet ist eine wertvolle Quelle für Ideen. Mit einfachem Recherchieren findest du eine Vielzahl von Bildern und Anleitungen, wie du Haus und Garten günstig einrichten kannst.

Erfolgsrezept

Lege dir an einer geschützten Ecke deines Gartens einen Vorrat an Brettern und Paletten an und decke sie ab, dann stehen sie bei Bedarf zur Verfügung.

Gut ausgerüstet

Holz ist allgegenwärtig und zudem das am einfachsten zu bearbeitende Material. Eine Säge, ein Schraubenzieher und ein paar Schrauben – das war's. Paletten, die sich im Eingangsbereich vieler Gewerbegebiete türmen, sind oftmals noch verwendbar.

Vor Ort einkaufen

Wenn du dir das, was du brauchst, in deinem direkten Umfeld besorgst, bringst du Wirtschaftlichkeit und Umweltschutz unter einen Hut. Wozu etwas vom anderen Ende der Welt kaufen, das auch auf der anderen Straßenseite zu finden ist? Du kannst dich vor Ort oft besser ausstatten, als du vielleicht annimmst.

Von den Rohstoffen …

Wie positiv die Wirkung der organischen Substanz in deinem Garten ist, hängt zu einem Großteil davon ab, was und wie viel du ausbringst. Die Gartenmärkte bieten Säcke mit 20, 40 oder 60 l an und sind damit für Großverbraucher nicht wirklich wettbewerbsfähig. Wende dich besser an Viehzuchtbetriebe, Gestüte, Reitschulen oder gleich an Kompostvertreiber in deiner Nähe. Letztere können dir größere Mengen kompostierten oder nicht kompostierten Mist, Kompost, Stroh sowie zerkleinertes Material nach Gewicht zu einem attraktiven Preis besorgen und liefern.

Erfolgsrezept

Gemüsebauern, Bauernhöfe, Kompostieranlagen, Reitschulen und Pferdepensionen … bevor du dich irgendwo informierst, mach besser eine Bestandsaufnahme der Betriebe und Angebote in deiner Nähe.

… zum Endprodukt

Die Eigenproduktion von Gemüse und Obst oder auch Getreide ist bei der Permakultur die Regel, zudem liefern Hühner Eier und Bienen Honig. Falls du kurzfristig Mangel an all diesem hast, decke dich mit dem ein, was du direkt in deiner Nähe kaufen kannst. Konsum vor Ort bedeutet, dass du normalerweise bei einem Bauer oder Gärtner in der Nähe beziehst. Dabei profitierst du außerdem von seinem Know-how, und das kann sich für deinen Garten als große Hilfe erweisen.

Gemüse-Abokisten

In kleinen und mittleren Orten gibt es Höfe und Gärtnereien, die jede Woche eine Kiste mit saisonalem Gemüse liefern. So schaffen sie in kürzester Zeit die beliebteste und bekannteste Art der Verteilung … besonders für Nicht-Gärtner!

3 TEILE, WAS DU HAST

Früher waren auf dem Land Handel und Tauschhandel üblich. Statistiken aus Frankreich besagen, dass die Hälfte des Obstes und ein Drittel des Gemüses nicht von demjenigen verbraucht wurde, der es angebaut hatte.

Erfolgsrezept

Tauschhandel mit Nachbarn ist selten ausgewogen. Rechne nicht zu genau nach ...

Obst und Gemüse tauschen

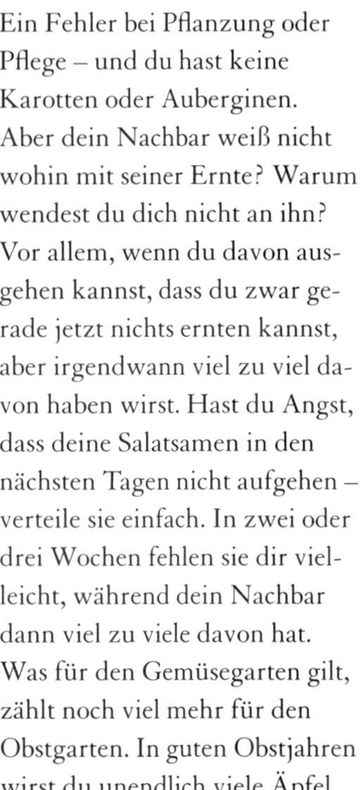

Ein Fehler bei Pflanzung oder Pflege – und du hast keine Karotten oder Auberginen. Aber dein Nachbar weiß nicht wohin mit seiner Ernte? Warum wendest du dich nicht an ihn? Vor allem, wenn du davon ausgehen kannst, dass du zwar gerade jetzt nichts ernten kannst, aber irgendwann viel zu viel davon haben wirst. Hast du Angst, dass deine Salatsamen in den nächsten Tagen nicht aufgehen – verteile sie einfach. In zwei oder drei Wochen fehlen sie dir vielleicht, während dein Nachbar dann viel zu viele davon hat.
Was für den Gemüsegarten gilt, zählt noch viel mehr für den Obstgarten. In guten Obstjahren wirst du unendlich viele Äpfel haben. Warum sollen sie verderben? Teile sie einfach mit anderen, bevor sie kaputtgehen. Deine Kirschen sind im Frühjahr wunderbar reif, und der Mirabellenbaum deines Nachbarn hängt im Sommer übervoll! Bei einem guten Tauschhandel profitiert ihr beide und habt sowohl Kirschen als auch Mirabellen. Ein Nussbaum in seiner besten Zeit trägt in seinen guten Jahren mehr Nüsse, als eine Familie verbrauchen kann. Warum tauschst du sie nicht gegen etwas anderes?
Optimiere die Tauschgeschäfte und erstelle eine Liste mit dem Obst und Gemüse, das du im Überfluss hast und den Arten, die dir fehlen.

Was habe ich zuviel?

....

Wer könnte es brauchen?

....

Was könnte ich gut gebrauchen?

....

Wer könnte es mir geben?

....

Und was ist mit jungen Pflanzen?

Tausche deine junge Tomaten- oder Salatpflanzen gegen andere Pflanzen. So kannst du in deinem Garten neue Arten und Sorten ausprobieren.

→ Werkzeug und Geräte tauschen

In der Landwirtschaft und im Garten braucht man sein Werkzeug und seine Gerätschaften, vor allem die motorisierten, nur zu bestimmten Zeiten während eines Jahres. Gemäht wird kaum mehr als sechs Monate im Jahr, alle acht bis 15 Tage. Es wäre deutlich billiger, wenn du gemeinsam mit deinen Nachbarn eine leistungsfähige Mähmaschine anschaffst, die von einem Garten in den andern wandert, als wenn jeder in seinem kleinen Garten einen eigenen Rasenmäher hin- und herschiebt. Dies gilt umso mehr für Geräte, die noch unregelmäßiger gebraucht werden, wie z. B. Mähmaschine, Freischneider oder Kettensäge. Ein Anhänger ist oft von Nutzen, vor allem auf dem Land. Bevor sich jeder einen anschafft, wäre es besser sich gemeinsam einen großen Anhänger zuzulegen, den jeder bei Bedarf nutzen kann. Erstelle eine Liste der Gerätschaften, die du hast und die du brauchst.

Ein Häcksler in deiner Nachbarschaft

Wenn du größere Äste und Zweige häckseln kannst, musst du nicht jedes Jahr wertvolle organische Substanzen auf der örtlichen Müllhalde entsorgen. Kleine elektrische Gartenhäcksler taugen nur beschränkt und sind manchmal auch gefährlich. Warum kaufst du dir nicht mit deinen Nachbarn zusammen einen besseren, starken Häcksler, der zudem deutlich sicherer und effektiver ist?

Diese Geräte kann ich verleihen:

....

....

....

....

....

Diese Geräte fehlen mir:

....

....

....

....

....

Wer könnte sie brauchen?

....

....

....

....

....

Wer könnte sie mir beschaffen?

....

....

....

....

....

4 SEIN KNOW-HOW WEITERGEBEN

Vom einfachen handwerklichen Geschick bis hin zu echtem gärtnerischem Wissen – einen Garten zu bearbeiten, erfordert vielfältige Fähigkeiten. Es kommt selten vor, dass ein Gärtner oder eine Gärtnerin alles weiß und kann. Glücklicherweise verteilt sich das Wissen reihum und lässt sich austauschen.

Erfolgsrezept

Plane ein, dass du dich häufig mit Freunden und Nachbarn triffst und ihr eure Gartenerfahrungen austauscht. So wisst ihr am besten, wer was kann.

→ Informationen für alle

Du bist ein hervorragender Gärtner? Einverstanden. Aber bist du eher ein Gemüse- oder Obstgärtner? Verfügst du über landwirtschaftliches Know-how? Kannst du säen, pflanzen und Stecklinge vermehren, pfropfen und Bäume schneiden oder kompostieren? Bist du ein gewiefter Bastler? Sicher! Aber ist dein Fachgebiet eher die Maurerarbeit, Elektrizität, Erdarbeiten, Mechanik oder Schmieden? Bearbeitung von Eisen oder Holz? Wer kennt sich mit Bienenzucht aus? Niemand kann alles perfekt. Das Entscheidende ist doch, dass man gegenseitig von den Fähigkeiten anderer profitiert.

Gartenwissen

MEINE FÄHIGKEITEN	MEIN NIVEAU*	WER KANN MIR HELFEN?	WEM KÖNNTE ICH HELFEN?

Heimwerken und Basteln

MEINE FÄHIGKEITEN	MEIN NIVEAU*	WER KANN MIR HELFEN?	WEM KÖNNTE ICH HELFEN?

Kochen

MEINE FÄHIGKEITEN	MEIN NIVEAU*	WER KANN MIR HELFEN?	WEM KÖNNTE ICH HELFEN?

* gering, mittel, hoch

Gärten für alle!

In einem „Gemeinschaftsgarten“, den ihr zusammen angelegt und mit Leben gefüllt habt, kommen gemeinsame Entscheidungen und geteiltes Know-how zusammen. In der Stadt kann das die Lösung bei Platzmangel sein und helfen, soziale Kontakte zu fördern – das ist für alle machbar.

Eine Parzelle für alle …

Euer Gemeinschaftsgarten kann ein ungeteiltes Stück sein, für das alle Entscheidungen gemeinsam getroffen werden, und bei dem jeder seinen Beitrag zum großen Ganzen leistet.

… oder mehrere Parzellen, die jeder für sich bewirtschaftet?

Aber er kann auch mehrere einzelne Parzellen umfassen, die von jedem alleinverantwortlich und auf seine Art gepflegt und verwaltet werden, auch wenn meist ein Abkommen festlegt, was erlaubt ist und was nicht.

Absprachen sind notwendig

Ein gemeinsamer Garten auf öffentlichem Terrain taugt nicht zum „einfach loslegen“. Als Zeitraum zwischen den ersten Kontakten mit der Stadtverwaltung und dem Start des Projekts solltest du mindestens ein Jahr einplanen.

Erfolgsrezept

Bevor du loslegst, stelle sicher, dass gesetzlich, technisch und finanziell dein Projekt „Gemeinschaftsgarten“ machbar ist.

Kleingärten

Auf ihre Art sind Schreber- oder Kleingärten auch Gemeinschaftsgärten. In diesen Gartenanlagen wird ermöglicht, wieder eine Verbindung und einen direkten Kontakt zur Natur zu finden, Kontakte zu knüpfen, Stress abzubauen … und dabei sein eigenes Gemüse wachsen zu lassen. Schrebergärten gibt es in jeder Stadt. Erkundige dich bei deiner Stadtverwaltung.

Meine Beobachtungen

Aus dem Französischen übersetzt von Monika Weymann, Stuttgart.
Mon cahier de permaculture
erschienen bei Éditions Rustica, Paris unter 978-2-8153-1402-2.
© 2019

Bildnachweis
Mit 20 Farbfotos von
iStock: 20, 63.
Rustica/BG: 40, 46, 57; /F. Boucourt: 15; /E. Brencklé: 33; /M. Ferni: 13; /C. Hochet: 29, 31; /F. Marre: 7, 11, 25, 27, 32; /M. Morizot: 58; /A. Petzold: 8, 47, 55; /V. Quéant: 59;

Mit 70 Illustrationen von Shutterstock.

Impressum
Umschlag- und Klappengestaltung von Gramisici Editorialdesign / Isabelle Fischer unter Verwendung von Farbzeichnungen von Shutterstock.

Mit 20 Farbfotos und 70 Farbzeichnungen.

Gedruckt auf chlorfrei gebleichtem Papier

Für die deutschsprachige Ausgabe:

ISBN 978-3-440-17179-0
Projektleitung: Carolin Küßner
Redaktion: Carolin Küßner
Gestaltung und Satz: DOPPELPUNKT, Stuttgart
Produktion: Klaus Jost
Druck und Bindung: Print Consult GmbH, München
Printed in Slovakia / Imprimé en Slovaquie